株高・資源高に向かう世界経済入門

株がバブルというウソ

朝倉慶
Kei Asakura

ビジネス社

まえがき

生き残りをかけた真の激動時代がやってくる！

「命を守る行動を取ってください」アナウンサーの声が日本中に響き渡ります。もはや年中行事となった集中豪雨ですが、梅雨や台風の時期でなく、夏休み中のお盆の時期にも発生するようになってきました。世界を見渡すと混乱ばかりです。異常気象、収まらないコロナの渦、格差の拡大、そして国家間の対立も激化しています。中国が各種規制を強化したため、同国のＩＴ企業は軒並み株価が大暴落中です。一方、米国をはじめとする世界の株価は天井知らずで上げ続けています。

「一体世界はどうなっていくのだろう」誰もが先がみえず、不安感ばかりが広がっています。かように先がまったくみえない時代があったのでしょうか？　人々は不安に恐れおののいています。

一連の流れ、異常気象、コロナの波、格差の拡大、米中の激しい対立、そして株価の高騰。

これら1つ1つは別の話なのですが、どうもつながっているような気がします。これらの現象はどの現象も収まることなく、加速していくように感じるのです。異常気象を引き起こしているのは人類であり、本来世界が結束して脱炭素を一気に進める必要があります。しかしながらエネルギーの転換は一夜で達成できるものではありません。結果、世界を見渡すと脱炭素の流れは一向に進まないのです。石炭、石油、天然ガスなど化石燃料の需要は高まるばかりで、価格は高騰中です。こうなってはCO2はますます排出され、異常気象はさらに激しくなっていきそうです。

コロナの波はいったん収まるかもしれませんが、今度は次にどんな疫病が襲ってくるか身構える必要がありそうです。テレワーク、オンライン会議、コロナの波から生じてきた新しい流れはさらに発展していくでしょう。この新しい流れに乗って収入が増えた人、仕事を失って取り残される人、コントラストが鮮明になってきます。格差の広がりは止まることがなく、その拡大はやがて許容できない水準にまで至りそうです。国際情勢も気を抜けません。米中は激しい覇権争いに突入しています。中国は妥協することを拒否、我が道を進み始めています、これでは米中の対立は今後一触即発となっていくことでしょう。かようにあらゆることに不透明感が増す中、多くの人はやがて株価が暴落すると感じているようです。

ところがどっこい、株価は天井知らずで上がり続けそうです。コロナが収まった瞬間から日本株も唸《うな》りを上げて上昇していくでしょう。とにかく日本株は安い、配当は高いで、ゼロ金利の中、資産運用における株式投資の優位性はますます際立ってくるのです。

現在どこの国の政府も膨大な資金を必要としています。ところがどこにもまとまった財源がありません。結果、どの政府も輪転機を回して紙幣を印刷し続けるしかありません。とにかくあらゆる意味で資金が必要なのです。自分の国、昨今の状況、身の回りをもう一度みつめ直してください。災害対策費、コロナ対策費、社会保障費、防衛費どの政府も止めもなく湯水のような資金需要があり、それに答えなくてはなりません。それはどの国も一緒です。そして政府は人気取りのため再び国民に現金給付を行うかもしれません。こんなことをほぼ永遠に続けなければならない状況なのですから、マネーの価値が減価していくのは当たり前でしょう。膨大に膨らんだ日本の国家の借金が普通に返せると思っている人はいないでしょう。政府は常にインフレを引き起こすことで借金を帳消しにしてきました。

この本ではいくつかの問題を詳細に分析してきました。1つは日本の変わらないデフレ体質です。かつて高度成長時代、インフレ体質だった日本がなぜ現在の酷《ひど》いデフレ傾向となっていったのか。賃金が上がって物価が上がってきた時代とバブル崩壊を経て現在のように賃金が上がらず物価が上がらない現実を対比、検証してみました。

次に危うい中国の動きを詳細に書いてきました。今後習近平政権がどのように動いていくのか、中国の持つ野心と米国との宿命的な対立に至る過程をその歴史をひもといてじっくり解説してきました。なぜ今習近平政権が内向きな政策を行うのか、中国共産党は何を目指しているのか、なぜ自国のＩＴ企業にこれほど厳しく当たるのか。その理由がはっきり見えてくると思います。そして米中の関係がますます危険水域に向かっている現実を認識することでしょう。

さらに地球環境の問題です。昨今の異常気象をみれば、世界は一致協力して早急にＣＯ２の大幅削減に着手する必要があることは明らかです。ところが現実はまったく逆方向に進んでいます、ＣＯ２削減はほとんど進んでいないし、今後も進まないでしょう。これはなぜなのか、脱炭素をめぐる世界の現実とその動きをあざ笑うような資源価格の高騰という皮肉な実態模様について詳細に書き綴《つづ》りました。今後石油や石炭、天然ガス、そして銅やアルミ、ニッケルなどとんでもない価格に発展していく危険性を感じることができるでしょう。

そして最後は株価の先行きです、株式市場は世界的にも空前絶後、未曽有《みぞう》の大相場に向かっていくでしょう。世間には現在の株価はバブルとの声が広がっています。これらは完全な的外れな見方で、本当のバブルを知らない人たちの考えです。一体過去のバブルとは何だったのか。この本を読めばバブルを作り出した黒幕がはっきりみえてくるでしょう。そして今、いかに株にお金が殺到する条件が整っているか、株式市場の怒涛の上げが迫っているか知ることでしょう。

そして今回の本では個別株について、じっくり解説しました。朝倉の基本的な銘柄選別の手法や銘柄に狙いをつけるポイントがはっきりわかると思います。株価を見る目や注目するポイントは各々違います。朝倉は独特の嗅覚で銘柄を発掘するわけですが、その手法や考え方の一端もわかってもらえると思います。

安定して穏やかだった時代は終了しました。真の激動の時代がこれからやってきます。現在起こっている多くの混乱はその序章に過ぎません。今後あらゆるものが想像を超える事態となって、われわれに迫ってくるのです。みるもの、聞くもの、体験するもの、すべて驚愕の事象が襲ってくるでしょう。これからは国も個人も生き残りを賭けた時代となっていきます。転換点での様々な選択がその人の人生を変えていきます。今起こっているすべての事象を甘くみないほうがいいと思います。本書を手に取った人は時代を作る人となっていくと確信しています。

朝倉慶

第1章　賃金動向とインフレの問題

第2章 中国共産党創立100年の軌跡

第3章　凋落する中国の政治と経済

第4章　脱炭素と資源価格の高騰

第5章 上昇トレンド不変の株式市場

第6章 朝倉慶が読みとく注目株

本書は株の銘柄を記載していますが、個別の銘柄をおすすめするものではありません。ご購入の判断は自己責任においてお願い申し上げます。

第1章

賃金動向とインフレの問題

物価を動かすもの

経済の状態をみる上で、あるいは政策を決める要因として常に雇用情勢はもっとも重視されます。米国で毎月発表される雇用統計は、米国当局の経済政策の方向を予想する重要なシグナルであり、あらゆる投資家がその動向を追っています。雇用情勢が思わしくなく、失業者が街にあふれるようでは社会が安定しません。逆に雇用情勢がタイトで完全雇用状態であれば人々は、おおむねハッピーで社会も安定します。

一方で雇用情勢は物価の動向に深く関係しています。経済学では昔から「フィリップス曲線」といって、雇用とインフレ率の関係の推移を示した右肩下がりのグラフがインフレを予想する重要な指標となってきました。この曲線は雇用がひっ迫すれば賃金上昇でインフレ率が上昇するし、雇用が緩慢になり失業率が上がれば、賃金低下傾向でインフレ率は下がるという単純な構図を表した図表です。最近はこのフィリップス曲線がフラット化、いわゆる雇用情勢がひっ迫してきても物価がなかなか上がらなくなったと言われています。

普通は需要と供給の関係で雇用情勢がタイトになれば、賃金は上がっていくと思えますが、現在はそうならない傾向がみられます。ここで日本の労働者の賃金の推移、並びに労働運動の

フィリップス曲線

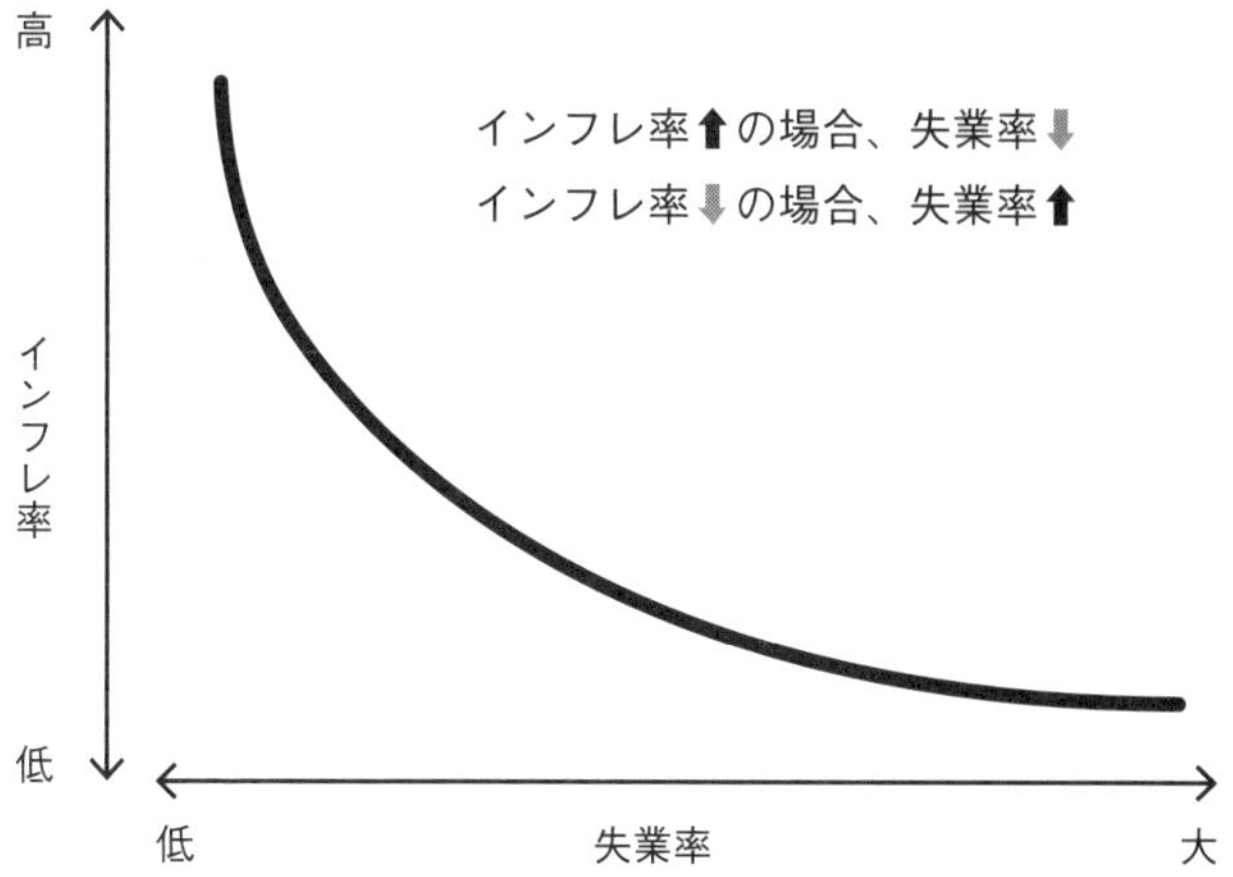

歴史を振り返りながら、なぜ日本で物価が上がらなくなったのかを考察してみたいと思います。

物価が上がらない状態を長く経験してしまった現在の日本人は、物価が恒常的に上がっていくという状況は想像しづらいものです。しかし日本の歴史においても着実に物価が上がり続けた時代がありました。基本的に戦後の１９４５年からバブル崩壊時の１９９０年まで物価は毎年上がり続け、これを受けて当時は賃上げも毎年の年中行事だったわけです。賃金が上がれば、多くの人の懐も潤うので消費も活発化したわけです。

ところが賃金がほとんど上がらない現在では消費が盛り上がらないのも当然かもしれません。さらに人口も減り続けている日本においては余計に物価が上がりづらいとみられているわけです。そんな日本の物価が上がり続けた過去から追ってみます。

「もはや戦後ではない」1956年の経済白書は終戦後の復興が広がってきた日本が完全に変わりつつあることをレポートしています。この頃の日本では高度経済成長が本格化して、岩戸景気（1958〜61）、東京オリンピック（1964）、いざなぎ景気（1965〜71）と好景気に沸いていました。この当時は高度成長期ですから毎年賃上げが行われ、二桁の経済成長とともに二桁の賃上げが実行されていました。経済が発展段階ですし、鉄鋼や造船、化学、電機、自動車など日本の製造業が一気に花開いた時代です。日本全体が労働者を多く必要としていました。この当時、常に労働の需給は圧迫され、企業は大小を問わず、人集めに奔走、賃金の毎年の引き上げは当たり前だったのです。かような労働状況がひっ迫している中では、当然ですが、労働者の力が強く皆が結束して、労働組合を作り、それが毎年の賃上げ交渉を行ってきました。

日本では「春闘」といって各労働組合がまとまって、政府と春に賃上げ交渉するのが通例となりました。これを毎年春に行い、多くの産業別労働組合が結集し、統一された指導部が指揮を取り、賃金引き上げを中心に闘争していきました。「春闘」の創始者の1人である合化労連（合成化学産業労働組合連合）委員長の太田薫氏は「暗い夜道を1人で歩くのは不安だ。みんなでお手々つないで進めば安心」と述べています。

こうして企業別組合の弱点を克服して各企業がまとまって団結して強い交渉力を持てるようにしていったのです。この方式は年を追うごとに定着していきました。ストライキなどの戦術のスケジュールを合わせて交渉に臨むようになっていたのです。こうしてこの当時は賃上げをめぐるストライキも年中行事として実行されていたのです。春に「鉄道がストライキで止まる」ことは毎年起こる当たり前の出来事でした。労働側はストライキという強い実力行使を行ってより大きい賃上げを勝ち取っていきました。今振り返ればよく毎年二桁、10%以上の賃上げが続いたことに感心しますが、それだけ経済が順調に拡大し続けていた時代でした。

高度成長期を支配した日本の雰囲気

「貧乏人は麦を食え!」1950年当時、1年生議員で大蔵大臣に任命された池田勇人氏の言葉です。池田勇人氏は高度成長期を象徴する、のちの日本の首相でした。このころは今とは比較にならないほどの〝暴言〟が乱舞していたように思えます。

運輸大臣だった荒舩清十郎氏は、現在渋沢栄一の故郷として世間の注目を浴びている深谷市に特急が止まるようにしたことで非難されていました。埼玉県を通過する特急電車は当時、大宮から熊谷、そして群馬の高崎と停車駅が続いていました。ところが運輸大臣になった荒舩氏はその権限を行使して地元の選挙区である深谷市に特急を止めることを強引に決めてしまったのです。当然、運輸大臣が地元の利益誘導のために私利私欲で行政をねじ曲げることなど許されるわけもないのです。これが国会で問題となりました。そして野党にこの問題を詰問された荒船氏は「1つぐらいいいじゃないか」と居直ったのです。この本音の発言があまりに面白くて当時子どもだった私もよく覚えています。このような答弁や暴言はとても許されないと思いますが、当時はかような言動が通った時代でした。暴言の質もスケールも今とは大きく様変わりしたと思います。

のちの1960年に首相となった池田氏は翌1961年〈所得倍増計画〉を発表します。日本は輸出主導で経済発展を続け、この当時は高度成長期の絶頂の時代でした。労働力需給が絶えずひっ迫して賃金上昇が促されやすい環境にあったと言えるでしょう。1964年の東京オリンピックのあと、景気は一時的に低迷し、株価が暴落して日本共同証券を創立して株価を買い支えるということもあったものの、実際の経済成長が毎年二桁の成長を続けていたので、株価も時間の経過とともに戻り、その後のさらなる大きな上昇に向かっていったわけです。

それでもやって来た危機　日銀特融

「銀行さん、さようなら、証券さん、こんにちは」戦後の復興期は当然のことながら株価も大きく上昇し続けました。しかし株価というものは上がり始めると勢いを止めるのが難しく、常に起こることですが短期的に異様に上がりすぎてしまう傾向もあります。このような行き過ぎはどんな時も相場の常です。戦後の復興期では余計に発展の速度も速く、焼け野原からの圧倒的な経済発展となっていったので、株式市場が活況化するのも当然です。東京オリンピック、新幹線の整備など１９６０年代の日本はまさに高度成長期、あらゆるものが発展していく勢いだったわけです。

かように経済が順調に発展し、誰もが成長を疑わない時は世間全体を楽観的なムードが支配して、余計に株式市場は短期的に行き過ぎるものなのです。結果戦後の復興期の日本の株式市場は異様な活況となり、１９６１年の段階で株式に投資する投資信託の残高は４年間で10倍に膨れ上がるほどでした。ところが１９６４年東京オリンピックが終わると状況は一変します。そこまで極めて順調に発展してきた日本企業の一部が東京オリンピック後の需要の急激な落ち込みに耐えられなくなって、一気に業績が悪化してきたのです。１９６４年にはサンウエーブ工業と日本特殊鋼（現・大同特殊鋼）が倒産、翌1965年には山陽特殊製鋼が倒産となりました。これら重工業の変調は証券市場のムードを〝一変〟させてしまいました。

日経平均は一気に下げてしまい、そこまで大きく上がっていた相場が突然冷え込んでしまったわけです。投資家は株式市場で損失を抱え、それまでの活況が嘘のように急速に冷え込んでいきました。当然のことながら証券会社は厳しい経営状況となっていきました。そしてついに山一證券が経営危機に陥るまでに至ったのです。当時この問題を重くみた大蔵省は山一證券の再建改革を画策していましたが、その段階で情報漏れとなってしまったのです。世間に山一證券の経営危機が伝えられました。こうして同社の支店には全国から投資家が殺到、取り付け騒ぎとなったわけです。

このまま放置すればこの騒ぎが拡大していくのは必至の情勢となりました。ここで銀行と大蔵省、日銀の首脳たち7人が集まって対応策を練ったわけです。出席者は日銀の佐々木副総裁、興銀（日本興業銀行）の中山頭取、富士銀行の岩佐頭取、三菱銀行の田実頭取、大蔵省の佐藤事務次官、同じく大蔵省の高橋銀行局長、そして大蔵大臣の田中角栄です。場所は東京赤坂の日銀の氷川寮、夜9時過ぎに田中角栄が到着します。

「こんなゴタゴタするようなら、証券市場を2、3日閉めたらどうですか？」三菱銀行の田実頭取が発言します。それに対して大蔵大臣だった田中角栄は「閉めてどうする？」と聞きます。

田実頭取は「様子をみるのです」と答えました。

そこで田中角栄が一喝します。「手遅れになったらどうする！　お前はそれでも銀行の頭取か！」この鶴の一声で山一證券に対しての日銀特融が決まったと言われています。こうして無制限、無担保で興銀、三菱銀行、富士銀行を通じて山一證券に融資が実行されました。戦後の数々のエピソードの中でもこの話はもっとも印象に残る話です。小学校しか出ていない田中角栄がエリート中のエリートである大手銀行の頭取を厳しく叱責する場面、そしてその方針が正しい方針でのちの日本の発展に寄与していくところがなんとも痛快です。雑草の強みといいますが、事業でのし上がってきた角栄ならではの勇断だったと思います。危機時にリーダーの力量が出るものです。かようなところが角栄の人気だったと思われます。

これに先立って株式を買い支えるために1964年1月には日本共同証券が発足しました。証券不況で供給過剰になった株式を買い上げるための機関です。今では日銀が買い支えをしていますが、当時は銀行や証券会社、保険会社、日銀が協力して基金を作って全日本で買い支えをしたわけです。「歴史は繰り返す」ではないのですが、株が下がり、相場が低迷するとやることは一緒というわけです。当時の日経平均は1800円から1000円近くまで暴落していたため、この日本共同証券は1200円の水準で買い支えを行ったのです。かような高度成長期で二桁成長が続き、給料も毎年二桁上がり続ける時代であっても、相場というものは人気がなくなると誰も買い手がいなくなってしまうものなのです。まさに相場の世界では投資家のムードというか、人間の気持ちが重要なわけです。

相場が面白いのは人間の心理を〝投影〟するからです。相場が理論値通りに動くのであれば、経済学者とかアナリストとかの意見通りに動くでしょう。しかしながら相場は生き物であって、人気投票みたいなところがあります。いくら素晴らしい業績を叩き出す会社でも人気がなければ上がりません。赤字のようなボロの会社でも人気があれば大きく買い上がられます。そのような短期的な動きはいずれ是正される可能性も高いのですが、そうは言っても相場の世界は杓子定規で動くわけではありません。皆がいいと思う株が上がるわけで、美人投票と一緒です。このあたりが難しくもあり面白くもあるわけです。いずれにしてもこの高度成長期のど真ん中である1964年から証券不況に突入したという事実は示唆に富んでいると思います。日本共同証券を通じて株価を買い支えたと先ほど記述しましたが、実際はいくら買い支えても次々と売り物が出てきて資金が足りなくなる連続だったようです。

結局、この日本共同証券はその後1971年まで続けられたのです。そして二桁の高度成長期の7年間も株を買い支えたというわけです。信じがたい事実ですが、これが相場の世界です。株価の推移をみると株を買い支えた1964年から1968年までは株価がほとんど上がらず、その後になって株価が上がり始めた経緯があります。

さらにこの1965年には、もう1つ日本経済にとって大きなイベントがありました。赤字国債の発行です。日本は戦争に負けて戦後酷いインフレを体験しました。1946年、ハイパーインフレに対応するため、時の日本政府は「預金封鎖」と「新円切り替え」を断行しました。預金は紙くずとなり、物価が何十倍にも跳ね上がり、さらに資産課税で多くの人の財産が奪われたのです。実質的な〝国家破綻〟でした。この体験が強烈で日本は二度と国債発行をしないと決めていました。

ところが1965年に再び赤字国債発行の議論が出てきたわけです。大蔵省の下村治氏は「たとえ赤字国債でもためらわず発行すべきです。でないと手遅れになります」と主張。一方で日銀の吉野俊彦氏は「国債発行は禁断の木の実になる恐れがあります。満洲事変以降の苦い経験を忘れてしまったのですか」と反対します。しかしながら下村氏は「政府に勇気があれば済むことです」と最終的に赤字国債発行に踏み切るわけです。このあたりの戦後復興時の大蔵省や日銀、そして政治家の人間模様なども、今と比べるとダイナミックで興味深いことばかりです。

買い付け機関である日本共同証券の解散

株というものは上がらない時は買っても買っても上がらないものですが、いざ上昇局面になると、糸が切れた凧《たこ》のようにどんどん上がってしまうものです。株価が永遠に上がるような錯覚に陥ったのがバブル崩壊前の日本全体です。終戦後の1950年から証券市場が再開され、市場は1960年代半ばの証券不況、1973年の石油ショックを経ても日本株全体が上がり続けたわけです。経済発展が45年、株価上昇は1950年の市場再開から1989年の大天井まで40年続きました。

この当時の人の考え方として株と土地さえ保有していれば、お金持ちになれるという感覚は強烈でした。当時は「ジャパン・アズ・ナンバー1」ということで日本は世界一に登りつめていました。終戦後あっという間に復興を成し遂げ、世界一になったのですから国民全体が日本人の優秀性を感じるのも当然でしょう。「世界に冠たる日本人」という感じだったと思います。ですから株も土地も永遠に上がり続けると皆が思ったわけです。それがバブルを生み出しました。まさにバブルは人間の心理が作り出したものです。日本人全体がその信じるところとして株と土地を買えばいいと信じ、それを実行した結果がバブルだったわけです。

話を日本共同証券に戻しますと、歴史的にみればその設立によって昭和恐慌の再来を防いだという意義があったと思います。仮に当時山一證券を放置して潰し、取り付け騒ぎが全国に広がるようなこととなれば、その影響で金融破綻の連鎖が広がり、収拾のつかない事態に陥った可能性も否定できません。

そして赤字国債発行という大英断で、日本経済全体に資金を行き渡らせることができたということもあるでしょう。1961年の投資信託の残高が4年で10倍になったと書きましたが、その勢いで購入され続けた投資信託は証券不況後ほとんどすべてが損失となり、水浸し状態となったのです。この投資信託の継続的な売りを日本共同証券は市場で丹念に買い続け、売り物を吸収し続けました。結果、日本共同証券の解散時をみると、その保有していた株式の内訳に、投資信託が保有していた株式のほとんどが移っていたということです。正確には投資信託の保有していた78%の株式を最終的に日本共同証券が購入したということです。

いわば日本の個人投資家が勢い余って投資信託を大量に購入して、損失を抱えてそれを何年かにわたって売り続け、それを日本共同証券が買い続け、その間、株式市場はほとんど上がらなかったということです。まさに高度成長の絶頂の時代に株が上がらず、上がらないどころか買い支えに汲々《きゅうきゅう》としていたのが事実なのです。繰り返しますが、これが株式、相場の世界です。

最終的に日本共同証券は1971年に解散となり、その株式は出資者である銀行と保険会社が引き受けることとなるわけです。この時の銀行と保険会社による大量の株式の引き受けによって、日本市場は株の流通が少なくなり、その後値上がりやすくなったという経緯があります。同時に銀行と保険会社が株を引き取る形が日本特有である株式の持ち合いという構図を作り上げます。そしてこの株式の持ち合いによって、流通する株が少なくなって、1985年から始まるバブルが空前の相場に発展していく〝素地〟ができ上がったわけです。

このあたりの流れを現在の日銀はかなり研究していると思います。日銀は２０１０年の白川総裁時に株式の買い付けを始めました。そして２０１３年の黒田総裁になってから買い方が爆発的になりました。そして現在では日銀の持つ日本株の時価総額は50兆円を超えると言われています。日経平均は２０２０年11月の米大統領選挙後急伸して一気に3万円に乗せるまでに上がりました。もう日銀としては、これ以上株を買い支える必要はないと感じているでしょう。株式の購入は日銀にとって金融緩和策の一環ですから、これを公式に止めるとアナウンスすると金融引き締めへの転換と受け取られかねません。ですから日銀は公に株式の買い付けを止めるとは言いませんが、実際はもう株式を買い支える必要はなく、後は自然に株価が上がっていくのを待つだけという姿勢と思います。

そして日銀の保有する株式はやがて日本の機関投資家に分けるか、あるいは個人投資家に分けるか、状況をみて方針を決めるでしょう。「日銀の出口政策が怖い」「日銀が売ると言っただけで株価が暴落する」という意見がほとんどですが、これも日本全体があまりに株価の先行きや日本経済の先行きを弱気にみているかの証左でしょう。日銀が現実に株を売却するというといわゆる出口を考えるような時は、今の状態とはまったく違う局面となっているはずです。

かつて１９８０年代後半、株が永遠に上がると思われていたように、株の世界では再び「株価が長期にわたって上がり続けるに違いない」と多くの人が思うような局面が必ずやってくるものなのです。相場だからです。相場の世界では強気が支配したり弱気が支配したり、様々な局面があります。それを歴史は繰り返すわけです。ですから日銀が株を手放す局面では株は相当上がるという雰囲気になっていて、誰もが日銀の保有する株を欲しいと思うようになっていると思います。日銀はおよそ10年にわたって株価が下がった日に丹念に買い続けました。そしてそれだけの大量の株式を保有しているところは将来出てこないでしょう。要するに日銀だけが将来的に時代の変化が来て貴重な財産になると思われる株式を大量に保有しているわけです。

あまりに弱気に傾きすぎている日本人全体の株式投資に対しての否定的な考え方は、あと10年もすると雲散霧消《うんさんむしょう》すると思います。国が行っているつみたてＮＩＳＡは年々爆発的に増加傾向となっています。その立役者は20代、30代の若者です。今後の日本を背負っていく彼らは、株式投資に対して好意的な存在となってくるでしょう。人間が投資できる時期はせいぜい40年程度でしょう。その人が生きた時代によっては、戦後40年の株高や経済成長のようにまったく株の下げを経験しないで育つ人たちもいるでしょう。また今社会の現役で働く40代以上の方、並びに引退しつつある60代から70代の方は、バブル崩壊と日本株の30年にわたる低迷という人類史上あり得ないような株の低迷時代を経験してきたわけです。このような株が30年も低迷するという時代に生きた人たちは世界を見渡しても現在の日本人だけでしょう。

バブル崩壊時の1990年からNYダウは10倍超、日本株は高値を抜けられていません。かような国は日本だけです。このような世界史に残る株の低迷を経験した日本人の多くがこれから現役を〝引退〟していくのです。時代は若い人たちに開かれています。株安を知らない彼らは将来的な投資としても株式投資を積極的に行っていくでしょう。国は無税というインセンティブを与えて彼らをサポートし続けます。そしてどこかの時点で株式投資への見方や人気が現在とはまったく違う時が訪れると思います。そうなった時、日銀と自社株買い付けで超薄くなった日本の株式市場は、糸の切れた凧のように上がり続けるだけになるかもしれません。

賃上げで成立した1億総中流社会

さて1960年代は春闘の力もあって賃上げが標準化していきます。まずは春に春闘が行われ、「春闘相場」ができ上がります。これによって各企業はおおむね二桁の賃上げを行うこととなります。当時は経済成長も著しいので、二桁の賃上げも企業の大中小を問わず可能だったわけです。そして春闘の流れは民間だけでなく公務員にも波及していきます。1970年に人事院勧告が出て、春闘並みの賃上げを公務員にも適用するという流れができ上がるわけです。

こうして日本人全体は毎年給料が二桁上がるという時代となったわけです。かような時代であれば誰でも毎年収入が増えるわけですから、当然物価が上昇するのも当たり前です。当時は物価が上がるのは普通で、物価が下がるということは想像できなかったと思います。また同じく株価や土地の価格が下がり続けるということも想像できなかったわけです。日本は重厚長大な鉄鋼や造船、機械、化学、電機、自動車などの産業で潤っていったわけで、これが20世紀の発展の特徴でもあります。20世紀はモノの大量消費で発展した時代でした。テレビや冷蔵庫、車など人々は競って消費し続けました。かように製造業が栄える時代は工場労働者はじめ労働者全体が潤う時代でもあります。

労働者は毎年の賃上げから皆の懐が潤い、皆が中間層になっていったのです。消費は活性化し、旺盛な設備投資が続きました。当然物価上昇の圧力が強く、常にインフレが現実的な脅威となっていました。こういう時代ですと金融を緩めたり、引き締めたりといういわゆる金融政策がその威力を発揮するわけです。かような高度成長期においては中央銀行が常にインフレファイターとして活躍してきました。皆が豊かになっていくという意味では幸せな時代だったのかもしれません。昭和のいい時代という感覚です。こうして日本全体「1億総中流」時代ができ上がってきたわけです。

狂乱物価を招いた石油ショック

かような時代の転機となったのは1973年に勃発した第1次石油ショックでした。いきなり原油価格が4倍に跳ね上がったのですからたまりません。当然原油価格の急騰から諸物価が高騰、巷では「狂乱物価」と言われ、あらゆる物の値段が急騰したわけです。まさに突如のインフレ到来です。当時の資料によると物価上昇率は20％超に達しました。20％というのは平均値ですから商品によってはとんでもない値段にまで上がって、まったく手に入らなくなったものもあるでしょう。トイレットペーパーが店頭から消えたというのも当時のエピソードです。

また当時の首相は田中角栄氏で「日本列島改造論」をぶち上げて、日本中を新幹線と高速道路で結んで地方を活性化させると自らのビジョンを高々と打ち上げたのです。この「日本列島改造論」を引っさげて田中氏は自民党総裁選挙を勝ち抜きました。ちなみにこの『日本列島改造論』の書籍は90万部を超える大ベストセラーとなり、田中氏の首相就任と相まって人気は沸騰。日本はさらに経済成長を加速させていくと思われたのです。日本中、これから土木工事が始まるという観測もあり、好景気に沸き立つ感じとなりました。そのようなインフレ体質の絶頂の最中に石油ショックが襲ってきたのです。当然激しいインフレの到来は避けることができませんでした。

この当時労働組合の力がますます強くなっていました。なおかつ、これだけ酷い物価上昇を目の当たりにして当時の労働側は経営側に対して大規模な賃上げを要求するに至ったのです。労働側は「10〜20％程度の賃上げではとても足りない、生活していけない」という悲痛の叫びで大幅な賃上げを要求しました。ところが経営側は石油ショックで業績不振、身動きが取れない状況でした。企業は自社の生き残りをかけた必死の取り組みを行うしかなかったのです。このような危機的な状況であれば普通、企業はコストカットを目指し、賃金の抑制を目指すのが当然の方針のはずです。

ところが当時労働側は圧倒的に強く強硬でした。混乱の中で行われた1974年の春闘では賃上げ率平均32・9％という驚愕の水準で妥結となりました。32・9％です、信じられない数字だと思いませんか？　当時はこういう時代だったのです。これだけ毎年給料が上がり、それを毎年続けられ、石油ショックのような事件があれば、それはその分給料が上がる、それが当たり前という時代だったのです。当然当時の状況を振り返れば、毎年物価が大きく上昇していくというのもうなずけるのではないでしょうか。

しかし常識的に考えればわかりますが、こんな時代が永遠に続くわけもありません。企業が石油ショックで存亡をかけた状況となっているのに、途方もない賃上げが続けられるわけもないのです。実際賃上げは石油ショック後の大幅賃上げをピークとしてその後は賃上げの度合いは下がり続けるようになりました。1974年の32・9％に対して、翌75年は13・1％、76年は10％以下となったのです。当然の流れだったと思います。それでも労働者側の機運なり、考えは違いました。

当時春闘の立役者で労働組合運動の先頭に立って戦っていた太田薫氏は1975年の賃上げが自分たちの望みに大きく届かない数字で決着したのをみて「春闘は終焉した」と敗北宣言したのです。当時の労働側がいかに法外な要求を行うのが当たり前と思っていたかがわかります。

しかしながら世界的にみると、当時の労働運動は各国で盛んで欧米などでも法外な賃上げを求める運動が活発化していました。石油ショック時、「日本は潰れる」との危機感が日本中いっぱいに広がり、経営側だけでなく労働者側も日本経済に対する先行きの危機感を共有できていたようです。ですから賃上げも諸外国に比べるとそこそこで、日本では労使の協調がみられたと言ってもいいでしょう。こうして石油ショック当時、労使が協調して賃上げ率を抑えたことが、後の日本経済の復活や強さの源泉になっていったと言われています。

いずれにしても石油ショックという一大イベントは日本の高度成長の終焉を意味していました。世界を襲った石油ショックという危機が、特に急速な戦後復興を成し遂げた日本全体のムードを変えさせたのです。そしてそれが日本の労使を協調させ、毎年の大幅賃上げが当たり前という常識を変化させていったわけです。

賃上げが当たり前の時代であれば物価が上がり続けるのも当たり前なのですが、賃上げの引き上げ率が収まるに従って物価の上昇率も収まってくるわけです。当時日本では労働者が大勢を占めていましたし、労働者は同時に消費者でもあるわけです。労働者が大幅な賃上げを勝ち取ることで購買力が増し、ひいては日本全体の消費活動が盛り上がる構図です。賃上げを毎年勝ち取る、それも個別の企業だけのケースでなく、「春闘」を通じて「春闘相場」が形成され、その賃上げ率に日本中全体が中小を問わずおおむね従っていったわけです。そうなれば日本中の人々の賃上げがなされていたわけですから、ほぼ全員の収入が毎年増え続けていたわけです。

こうみれば当時物価が恒常的に上昇していくのも自然の流れであったわけです。高成長→賃金上昇→消費活性化→物価上昇→さらに高成長という循環です。石油ショックがあって賃上げの率は下がったものの、それでも毎年、春闘が行われ、賃上げは続いていきました。もちろん石油ショック後賃上げの度合いは高度成長期の10〜20%ではなく、一桁台に落ち着くようになっていったわけです。

バブル崩壊と労働運動

石油ショック後、労働運動はかつてのように過激でなくなり、ストは一部で実行されたものの、おおむね労使が協調して賃上げを決定するようになっていきました。こうなると労働側も全体として力が薄れていって、思うような賃上げを勝ち取ることができないケースも相次いできたわけです。そこで労働側も戦線立て直しで再び結束して力を結集して経営側に挑むという、かつての春闘のような労働側の結束を目指すような動きが出てきたわけです。その結果それまで分裂を繰り返していた日本全国の労働組合が再び結集して、今度は「日本労働組合総連合会」いわゆる「連合」という労働団体を結成するに至ったわけです。こうして1989年、まさにバブルのピーク時に「連合」の発足となりました。

ところが1989年12月末を高値として翌1990年はじめから日本の株価の大暴落が始まります。バブル崩壊です。賃上げ要求は「定期昇給＋物価上昇分」ですが、バブルが崩壊したことで景気が一気に悪化、物価が上昇しなくなってしまったわけです。こうなれば当然賃上げの要求水準も下げざるを得ません。それでも連合は久々に労働組合が統一された力を発揮して賃上げの交渉においては、そこに至る数年前よりも格段に交渉力も上がりました。結果、連合は発足して初めて交渉に当たった1990年は5・94％の賃上げを勝ち取ったのです。大きな成果でした。しかしながらその勢いも、日本の労働運動の勢いもそこをピークに再び失速していきます。

その上、この前年1989年にはベルリンの壁が崩壊、1991年のソビエト連邦の崩壊で、一気に共産圏が自由主義圏に入り込んできたわけです。この共産圏の崩壊は日本の歴史に決定的な〝変化〟をもたらしました。それまで日本が活躍していた世界は米国や欧州を中心とした先進国だけの世界であって、この中で日本は一人勝ちのような状況で経済発展し、株価は上昇し、世界のGDPにおいても日本は米国と渡り合うような突出した存在となっていました。まさに〈ジャパン・アズ・NO1〉の状態で、世界の株式市場の時価総額トップ10はほぼ日本の企業が占める状況となっていたわけです。この状況下でソビエト連邦をはじめとする共産圏が一気に自由主義圏に参入してきたわけですし、ソビエト連邦と米国や欧米など自由主義陣営をめぐる戦い、いわゆる冷戦も自由主義陣営の勝利で終了したわけですから、この後は日本には〈バラ色の未来〉が待っているかのように思われたのです。

ところが現実は180度違ったのです。一気に自由主義圏になだれこんできた東欧諸国や当時発展し始めた台湾や韓国などが著しい経済発展をし始めたわけです。ここで起こってきたことは世界が一体化していく、いわゆるグローバル化の始まりでした。グローバル化が始まると企業はどこでも工場を出せるようになっていきます。当時日本の賃金は世界一高かったわけですから、企業が他の国に工場を立地して生産を行えば日本で生産活動するより、格段安く生産できたわけです。かような情勢下、日本の企業は海外進出を始めるようになりました。そしてひとたび企業が海外生産のノウハウを取得すれば、あとはその応用で、次々と海外進出を行うようになるわけです。各国のインフレ率や為替レート、政治情勢など勘案しながら各企業はグローバル化を進展させるようになったのです。

世界から取り残される日本の労働者

こうなると取り残されるのは日本の労働者たちです。かつては「金の卵」ともてはやされ、重宝に扱われ、その状況下で労働組合活動が全盛となり、労働者は組合に参加していれば黙っていても賃上げが保障されていたわけです。ところが状況は変わりグローバル化していくと、企業の目は海外に向けられるようになります。人件費は割安で生産効率もいいからです。企業は海外投資のうま味を一度経験してしまえば、もう二度と国内に投資する気にはなりません。こうして企業は国内に投資するより海外投資を活発化させるようになります。当然の帰結でしょう。企業が国内に投資しなくなると、日本の労働者も投資の恩恵を受けられないので生産性も上がりません。生産性が上がらなければ、企業としても賃金を上げることもできないわけです。こうして1989年、1990年あたりを境にして、日本の労働者をめぐる情勢は激変していったわけです。実質的に日本の労働者は海外の安い労働者との〝競争〟にさらされたわけです。

さらに日本の労働者にとってアゲンストの風が拡大していきます。1990年代半ばころから中国が急速に発展し始めました。当時中国は発展し始めたばかりで、賃金をみると日本の50分の1と言われていました。企業としては中国に進出して安い労働者を雇用したほうが格段に効率がいいわけです。こうして日本の企業は日本国内に投資しなくなっていったのです。国際的に競争を繰り広げる企業にとって賃金を支払うには、労働者がそれに見合った仕事をしてくれなくてはなりません。

ところが世界一となった賃金に匹敵する仕事をこなすのは日本の労働者にとって難しかったわけです。グローバル化は便利で技術革新を促すものですが、半面、労働者にとっては〝残酷〟です。日本の労働者は結果的に低賃金競争という国際競争に巻き込まれていきました。かような低賃金国との激烈な競争は日本の労働者にとって過酷なものとなっていくわけです。このような情勢下、企業は割高な正規労働者よりも割安な非正規の労働者を雇う傾向が顕著になっていきました。

こうなっては当然のことながら賃上げも思うようにはならないわけです。こうして日本の労働者の賃金は1990年以降、ますます上げられない状況になっていきました。そうなれば当然日本全体の購買力も落ち、物価も上がらなくなるわけです。

こうして力を失いつつある労働組合に対して、相対的にみて力が落ちない労働組合もありました。そもそも労働組合の力が落ちてきたのは、雇用する企業側の状況が厳しくなって、その要求に応えるだけの力がなくなってきたからでした。石油ショックやバブル崩壊、並びにグローバル化の進展による国際競争の激化で企業側に余裕がなくなってきたからです。ところがこのような状況にならない安定していた職場もあったわけです。

それは官公庁や公的機関に準ずるような職場です。いわばNTTやその関連企業、私鉄などです。これらの企業はほぼ「親方日の丸」のようなものですから、相変わらず世間の風潮を無視して賃上げなど自らの主張を強く通そうと奮闘し続けていたわけです。その手法は相変わらず「スト」でした。時代遅れになっていたのに1995年までは、かような公的機関は引き続き常識外でストライキ戦術を行っていたのです。

ところが1995年、阪神・淡路大震災が勃発します。さすがに労働側も大震災を前にして強硬なストライキ路線を続けるわけにはいかなくなりました。この年、NTT労使は交渉を早期に妥結、私鉄各社はスト中止を決定したのです。当然のことでしょう。またかような親方日の丸的な公的機関にも改革の波が押し寄せてきました。世間は不況でしたから、かような機関のワガママを許さない風潮が広がってきたのです。こうして親方日の丸で高をくってストをやり続けていた公的機関などの労働者もついに交渉スタイルが変わってきたわけです。日本全体が厳しくなる過程で当然の流れが波及してきたということでしょう。

こうなってくると、労働側はますます弱くなり、経営側はますます言いたいことを言うようになります。経営側も自らの存在が危うくなるほど厳しい競争にさらされてきたわけですから当然のことでしょう。

日経連はこのころ、春闘の構造改革を提起します。「世界最高になった賃金をこれ以上上げる余地はない」「高コスト体質是正に向け総人件費を抑える必要がある」「業績に見合った報酬については一時金で対応する」という具合です。どの企業も苦しいですから、労働側の言う通りに賃上げなど行っていたら自らの存続が難しくなります。かような厳しい環境の変化を受け、労働側は賃上げを勝ち取るのも難しくなり、会社ごとによって、賃上げや雇用のやり方が変わっていく、会社別の対応になっていきました。当たり前のことですが、儲かっている会社は賃上げを行うし、そうでない会社はゼロ回答ということです。

21世紀は国際競争力がポイントに

21世紀になるとグローバル化や中国の発展はさらに加速していきます。中国は2001年WTO（世界貿易機関）に加入、一気に世界経済に組み込まれていきました。もはやどんな企業も国際的に展開し、その競争に打ち勝っていかないと生き残れない時代に突入していったわけです。

21世紀に入って日本のトップ企業は明らかに自動車産業、中でもトヨタは世界のトップに君臨する会社に成長しました。そのトヨタは1兆円の利益という日本企業として初めての快挙を達成します。そのトヨタが「硬直的な昇給は競争力の再生に重大な影響を与える」と定期的な賃上げに疑問を呈したのです。日本でもっとも成功した企業が当たり前のように行われてきた賃上げの慣例を変えようとし始めているのに、他の企業などとても賃上げを続けられるとは思えません。こうして今では当たり前の考えなのですが、賃上げは個々人の能力・成果に応じて配分し、企業側は毎年行うベアアップでなくボーナスなど一時金で対応する方針となっていったのです。

世界でもっとも儲かっている企業で雇用が大きく拡大していかないのに、他の会社が積極的に賃金を上げ続けることなどできるはずもありません。こうして世界的に企業は賃金を引き上げられない様相となってきています。これでは中間層も育ちませんし、企業が儲かっても労働者に行きわたらず、結果多くの人の懐は潤わず爆発的な消費も生まれないでしょう。

それでも米国の企業業績は拡大中です。そして今期は日本企業も大きく業績を改善させるでしょう。それでも労働者たちに大幅な賃上げを期待するのは無理でしょう。能力のある人であれば企業はそれに見合った高給を支払うでしょうが、簡単な仕事や単純作業などでは、ロボットに代替できますし、発展途上国の人手を使うこともできます。企業は価値ある労働にしかそれなりの対価を支払わないのです。こうして世界全体としてみると企業の労働者に対しての分配率は下がっていくばかりです。

そしてついに連合と経団連のトップ会談が行われ宣言が発表されました。2001年の「雇用に関する社会合意推進宣言」です。経営側は「雇用を維持、創出し、失業を抑制する」として、労働側は「賃上げについては柔軟に対応する」としたのでした。労働側としては現下の厳しい国際情勢と企業経営の実体を鑑みて雇用さえ確保されれば、賃金など既得権にはこだわらないという姿勢に転換したわけです。こうして21世紀に入ると労働運動は完全に経営者側に主導権を握られるようになりました。経営側も労働側も生き残りに必死の情勢となったわけで、それだけ厳しい時代になってきたわけです。

こうして2002年の春闘では連合はベアの統一要求を見送ることとなりました。連合は完全なる戦術転換を行って賃上げ要求は実質放棄して雇用確保を第一に要請することとしたのです。結果、日本全体でベアに関しては軒並み「ゼロ回答」となりました。給料の上がらない時代の到来です。こうなっては物価が上がっては、かえって困りますから物価が上がらないのも当然です。こうして日本は給料も上がらない、物価も上がらないというインフレ経済からは完全に違った世界に入っていきました。

ところがこれでは済まなかったのです。給料が上がらないだけであれば、かえって幸運であるような峻烈《しゅんれつ》な現実が日本全体を襲いつつありました。日本の企業が国際競争に勝てないで相次いで業績悪化がみられるようになってきたのです。特に台湾や韓国の追い上げによって瀕死の状態に陥っていったのがかつて世界の中で隆盛を誇っていた「電機産業」でした。電機産業は賃金凍結どころか、なんと「賃金カット」賃下げを逆提案してきたのです。賃金を上げろどころの騒ぎではありません。賃金を維持していれば会社の存続が危うくなりそうなので、賃金を下げてほしいと逆に経営側から賃下げを要求される事態に陥ってきたのです。

賃上げに関しては「デフレスパイラルが危惧される状況下での合理的な賃金の決定のあり方が問われているが、企業の競争力の維持・強化のためには、名目賃金水準のこれ以上の引き上げは困難であり、ベースアップは論外である。さらに賃金制度の改革による定期昇給の凍結、見直しも労使の話し合いの対象になる」としました。ついにベアゼロ程度ではなく、定期昇給改革に踏み込む姿勢となってきたのです。当然労働側は統一的なベアアップの要求はとうに断念しています。

かように労働運動はまさに様変わりとなりました。労働側が要求をするのでなく、逆に経営者側が労働側に現状を説明、悲鳴を上げて助けを求める時代になったのです。こうして経営側と労働側の立場は逆転、経営側が〝賃下げ〟を求めるようになりました。もはや「春闘」どころの騒ぎではありません。労使一緒になって経営破綻を防ごうという労使一体の取り組みの始まりです。こうして労働運動としての「春闘」は過去のものとなりました。

この2002年、経団連は「労組が賃上げ要求を掲げ、実力行使を背景に社会的横断化を意図して闘うという『春闘』は終焉した」として、実質日本の労働運動は終焉したとの見方を示したのです。

かつて春闘の立役者で労働運動の先頭をきって戦っていた合化労連委員長の太田薫氏が石油ショックの後の13・1％の賃上げを、要求に届かずとして「春闘の終焉」と敗北宣言したのが1975年でしたが、それから27年経って、ついに労働側は何も要求できないどころか、経営側が労働側に賃下げを要求するに至って、経営側から春闘の終焉を宣言させるという、皮肉な結末となりました。

振り返ってみれば、春に賃金交渉を集中化させる〈春闘〉はベアアップによって消費者物価の上昇による悪影響を回避するための当然の賃上げ要求だったのです。インフレ時代には当然であったかような賃上げの話は、21世紀になって特に日本で顕著になってきたデフレ時代ではまったく時代錯誤のこととなってきたわけです。インフレ時代とデフレ時代は180度違います。日本では21世紀になって物価が上がらない時代を迎えて、もはやベアの要求は消えました。経営者側の目標も労働側の目標も国全体の目標もかつての良き時代であった成長期の産物であった「インフレ問題」への対処ではなく「デフレ克服」へと大きく変わってきたのです。

ベアアップを断念させたリーマンショック

この後、日本の物価は落ち着き、労働側がベアアップの要求を行わない期間が続きました。一方で日本では21世紀に入ってからは穏やかな景気回復は続いていたのです。かような中、2008年、リーマンショックの前になると、中国をはじめとする世界的な新興国の発展が顕著になってきました。当然のことながら原油などの需要が爆発的に拡大していったのです。資源価格はうなぎ登りで止めどもなく上がるようになっていったのです。折から米国での住宅ブームも加熱していました。世界的な景気の拡大を受けて、WTI原油の価格はついに149ドルという途方もない値段にまで上昇していったのです。かような原油をはじめとする世界的な資源価格の高騰と世界的な景気拡大をうけて、この年2008年には日本の労働界も久しぶりにベアの要求に乗り出したのです。原油価格がこれだけ急騰しては諸物価の上昇につながっていくのは必至の情勢と思われましたし、日本企業も景気拡大が続いていたわけですから、労働側としてもベアアップを要求するだけの状況が整ってきたと判断したものと思われます。この年の労働側は久しぶりにベアアップで足並みが揃いました。

ところが悪いことはいきなりやってくるもので、秋9月にリーマンショックが勃発したのです。世界景気は急激に冷え込みました。ベアアップどころか、世界が終わってしまうような大不況に陥るという危機感が世界中に広がったのです。従来のG7という枠組みだけでなく、「世界は結束する必要がある」という判断の下、幅広い国の協力を目指してG20が開催されることとなりました。中国や新興諸国を含む世界の主要国で力を合わせて、リーマンショック後の危機を乗り越えようとする機運が広がってきたのです。日本でも株価が大暴落、かつて経験したことのないような不況となり、失業率は5%半ばにまで上昇してしまったのです。

かような情勢下に日本の労働側がベアアップなど賃上げ要求を続けられるわけもありません。結果2009年は過去最大の賃金の引き下げが行われるに至ったのです。非正規労働者が解雇されて路頭に迷う姿もマスコミで話題となりました。こうして労働側は久しぶりのベアアップ要求も断念せざるを得ない状況に追い込まれてしまったのです。まさに皮肉な展開でした。労働側はベアアップを要求するきっかけをつかめない状況となっていったのです。

賃上げを主導したアベノミクス

かように21世紀に入って賃金が上がらないという日本特有の流れができ上がってしまいました。国際競争の激化という現実が日本における賃上げを許してくれないのです。それによって日本の物価が上がらず、経済も成長しないというデフレ体質が恒常化してきました。そしてひとたびかようなデフレ体質となると、人々は物価が上がらないのは当然という感覚になっていきます。ですので、ますます物価が上がらない、企業側も値上げできない、賃金も当然上げられないという、いわゆる〝デフレの悪循環〟に陥ってしまいました。世界ではかような日本の情勢を揶揄《やゆ》して、一度デフレ状況に陥るとなかなか抜け出せない典型を「日本化」として捉えました。いつの間にか日本のケースについて世界の識者たちは「日本のようになってはならない」と世界の反面教師のようになってしまいました。かようにデフレに陥った悪いケースとして、日本の姿や政策は研究されるようになっていったのです。

21世紀に入ってアジア諸国は大きく変わってきました。東南アジアはどの国も発展を遂げていきましたし、隣の中国に目を向けると驚くような経済発展をし続けていたわけです。中国はかつての日本のように毎年二桁の経済成長を続けるというまさに奇跡の成長を続けてきました。2010年には残念ながら日本と中国とのGDPは逆転するに至ってしまったのです。その後も中国の成長の勢いは止まることはありませんでした。さすがに二桁成長は影を潜めましたが、それでも高い成長をし続けたわけです。

いつの間にか日本だけが取り残されるような雰囲気になっていきました。そして世界では日本を「ジャパニフィケーション」といってデフレで低成長の典型としてみられるようになってしまったのです。かような情勢をなんとか打破してかつての高成長とは言わなくても、成長路線に戻らなくてはならないという危機感から再び経済成長を復活させようと経済政策を劇的に変えて、日本を復活させようと改革を目指して登場したのが2012年末に発足した第二次安倍晋三内閣でした。安倍内閣はデフレ脱却を目指して「アベノミクス」という思い切った経済政策を断行しました。それは大規模な金融緩和の実行と公共投資を中心とした財政政策の発動、そして同時に構造改革を成し遂げようという試みです。これによって日本を元気にして復活させようというわけです。安倍氏は「日本を取り戻す」として積極果敢に改革に取り組んだわけです。

アベノミクスが取り組んだことの1つが賃上げの復活でした。デフレからの脱却には「賃金の引き上げが不可欠」という考えからです。安倍政権は経済界に対して賃上げを要求したのです。「経済の好転を企業業績の拡大につなげ、それを賃金上昇につなげていくことが必要である」ということで、賃上げを実現することで「経済の好循環を全体に波及させるとともに、持続的なものにしなければならない」というわけです。

こうして「政府が企業に賃上げを要求する」という極めて〝特異な構図〟となりました。普通は労働者側が賃上げなど厳しい要求を経営側に行って、この交渉がなかなか妥結しないケースも多いので政府が介入して、労働側と経営側の仲裁に当たるわけです。ないしは労働側のあまりに過激な要求に対して、政府が交渉者となって労働側をなだめる、ないしは経営側と一緒になって労働側をたしなめる立場となるものです。

一般的にかような賃上げ運動などに関して政府は経営側の立場に立つものです。南米などの左派政権では違ったケースもあるでしょうが、一般的に過激な左派政権が政権を握るようなケースでは国がおかしくなってしまいます。ベネズエラとアルゼンチンなどがいい例で、左派政権が労働者側にあまりに偏った政策を行うことで国が立ち行かなくなるケースも歴史上多々あるわけです。

しかしながら日本のケースは一番右寄りの自民党の政権であり、その自民党の本流に当たる安倍政権が労働側の立場に立って、経営側に対して賃上げを要求するのですから、これは歴史的にみても〝異常事態〟でしょう。ここまで労働側は力を完全に失ってきたわけです。本来賃上げなどは労働組合なり、それに立脚する政治勢力が強く主張するべきことです。それを一番右寄りの自民党政権が求めるわけですから、日本の労働運動や労使の関係は、いかに異常事態に至っていたかがわかるというものです。

こうして政府の力もあり、また経営側の意識変化もあり、２０１４年、２０１５年は賃上げが実行されるに至りました。２０１５年の賃上げ率は２・59％となって１９９８年以来もっとも高い賃上げ率となったのです。しかしながらこの好循環が続くというわけにはいかなかったのです。

賃上げ反対の全国的な動き

「最低賃金の引き上げは、コロナ禍からの回復を遅らせる！」、と外食チェーンは最低賃金の引き上げ要請に危機感を強めています。コロナで客足が途絶えて息もたえだえのところに、さらに経費の増加が襲ってきてはひとたまりもありません。まずは生き残ることが重要です。とても現状で最低賃金の引き上げなどの経費の拡大が受け入れられる情勢ではありません。要求を出すにしても「時期を考えてくれ」ということでしょう。しかしここまで書いてきたように、日本が長いデフレ状況から脱せない一番の原因は賃金があまりに安すぎて、一般の人々の購買力が高まらず、デフレ脱却が遠のいているという現実があります。何としてもまずは最低賃金の水準を引き上げることが急務であるという認識です。

2021年5月14日、菅政権における経済財政諮問会議でこの夏に決める最低賃金の改定額について「3%程度を念頭に引き上げることを提言する」こととなったのです。提言案では「早期の経済回復を図るためにも、コロナ前までの引き上げてきた実績を踏まえつつ、より早期に時給1000円になることを目指すべき」というわけです。最低賃金の水準をみるとアベノミクス後、政府の方針もあり、年々上がってきています。最低賃金は2014年度の時給764円から毎年3%超上がり続けました。

しかしながら2020年度はわずか1円の上昇に抑えられ、全国平均902円となっています。政府や労働界にとっても最低賃金1000円は悲願でもあります。ところがこれに対して全国の中小企業をはじめとして猛反対の声が上がってきているのです。

大企業のように儲かっているのならともかく、中小企業の現状は厳しく、またこのコロナの波でさらに痛め続けられているわけです。これは外食関連の悲鳴だけではありません。会社が儲かっていないのに賃金だけが上がるようでは、経営は成り立ちません。中小企業としては賃上げを要求する前に、実情を理解してほしいということでしょう。

日本商工会議所などの企業3団体は4月15日に記者会見を行いました。三村明夫会頭は「一度決まった最低賃金は引き下げられず、さらなる景気後退で業況が悪化すれば、企業は雇用調整をせざるを得ない」と述べました。あまりに実情を無視して最低賃金の引き上げを強行すれば、企業としてはかえって雇用を削減するしかなくなり、最終的に日本全体の雇用が減少する可能性があるというわけです。韓国の文在寅政権が同じように最低賃金引き上げを強行しましたが、結果として韓国の景気を悪化させるだけに終わったようです。生産性が上昇して中小企業が十分な給料の支払いができる体制を整えることが先決で、その前に政府が先走って最低賃金の引き上げを強行するなら混乱は必至というわけです。

実際、日本商工会議所が全国の中小企業に行ったアンケート調査では、現在の最低賃金の金額が「負担」と答えた企業が全体の55%に上っているということです。労働側よりも中小企業の経営者側は切実な悲鳴を上げているのです。

実際最低賃金の水準をみると、2014年度に時給780円だったものが2020年度には902円まで上昇しています。この上昇幅は15%です。ところが同時期における消費者物価の上昇率は2%に過ぎないのです。これでは中小企業側の経営が厳しくなるのも当然ということでしょう。政府が労働者側に目を向けて最低賃金を上げようとする気持ちは理解できるとしても、日本全国の中小企業の立場も労働者と同じように弱い立場なのだから、現実を直視して無謀な政策はやめてほしいという気持ちでしょう。

しかしながら最低賃金１０００円は政権の悲願でもあります。日本政府は２０１６年以降「経済財政運営と改革の基本方針」いわゆる〈骨太の方針〉において、最低賃金を１０００円に引き上げる方針を明言しています。菅義偉首相も「いち早く全国平均１０００円にすることを目指す」と発言しているのです。このあたりに日本経済の抱えるジレンマが垣間見えます。

政府も中小企業側の悲鳴が聞こえないわけではないでしょう。それでも政府は最低賃金を１０００円程度まで引き上げることは必達命題と思っていることでしょう。最低賃金を上げられないのは、日本全国の中小企業が儲かっていないからです。それならば最低賃金１０００円を支払えないような企業は淘汰《とうた》されて、生産性の高い企業が生き残るか、新たに生まれてくるべきだという考えなのです。現実に世界をみるとドイツの最低賃金は日本円にして時給１２００円です。米国ではマクドナルドが２０２４年には時給を15ドル、日本円にして時給１６００円にすると明言しています。

さらにアマゾンは時給17ドル、日本円にして時給１９００円にすると明言しているのです。米国でのポピュラーな企業が時給１６００円以上で雇用しようというのに、日本の企業がいくら中小企業といえども１０００円の時給が支払えない。それであれば、そのような企業は残念ながら淘汰されて、強い企業が残ったほうが日本全体にとってはいいという考えでしょう。日

主要企業春季賃上げ率（1956年～2019年）

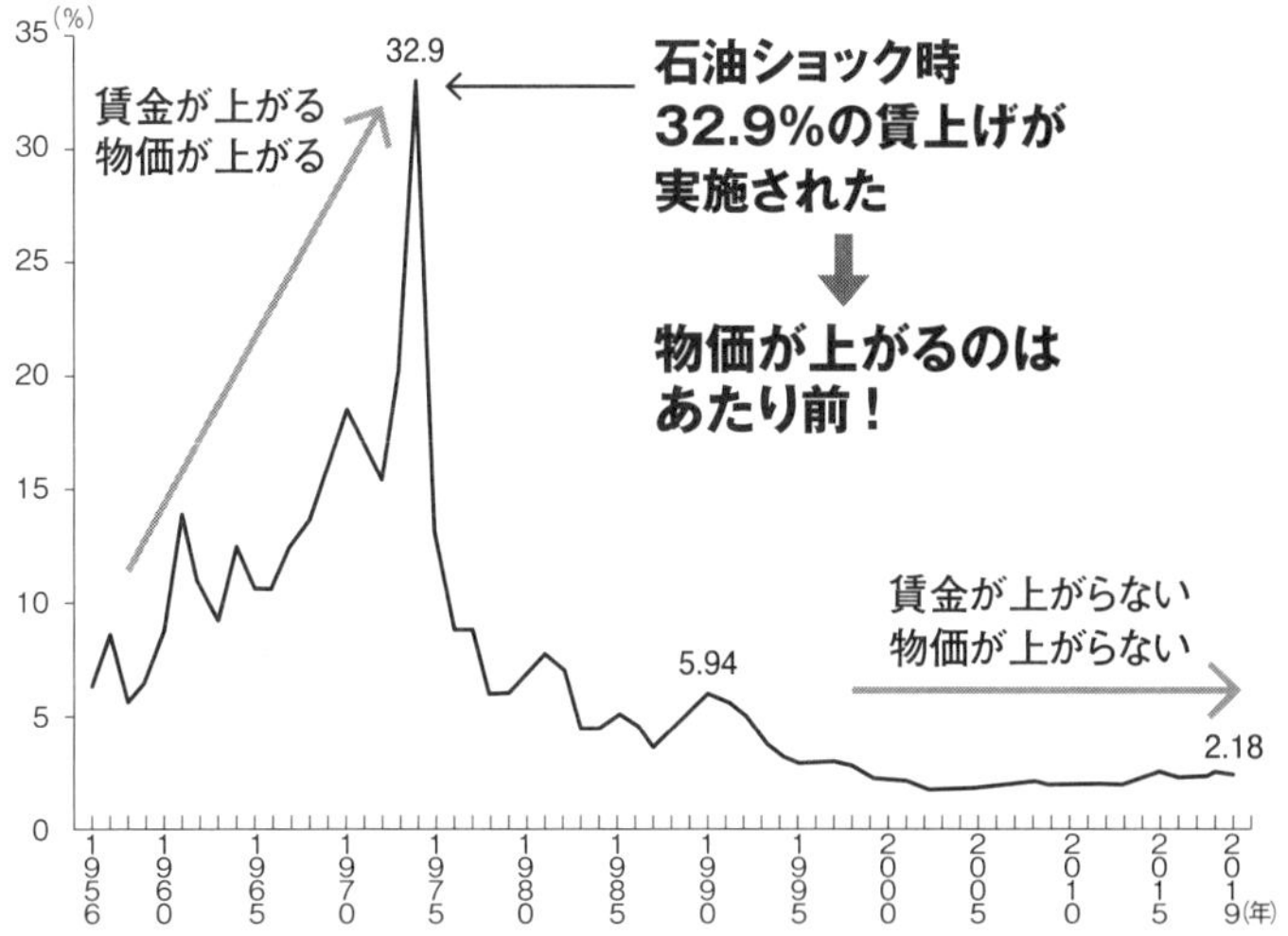

出所：厚生労働省

本の中小企業保護の政策は〝行き過ぎている〟ということです。日本は少子高齢化で労働力が不足していきます。

　そのような中、若者をはじめとする貴重な労働力は生産性の高いところで働いてもらわないと日本全体が弱くなっていきます。賃金を支払えるということは生産性が高いから支払えるわけで、生産性が低ければ支払えないのは当然ですが、そのようなところに貴重な労働力を割く余裕はないというわけです。

　このあたりは残酷な話ですが、日本の実情でしょう。保護政策をやりすぎると、いわゆるゾンビ企業、生産性が上がらない企業を必要以上に生きながらえさせてしまうわけです。そのような保護政策の行き過ぎが日本の経済政策の問題点であると言えるのです。

さらにグローバル化が進んでいきます。今や世界はスーパースター経済と言われ、一握りのトップ企業だけが恩恵を受けるようになりました。アップル・アマゾン・フェイスブック・グーグル・マイクロソフトなど世界に君臨するＩＴ企業だけが富を独占するようになりました。そしてこれらＩＴ大手はその膨大に溜まった資金をどこに投ずるのでしょうか？

労働者に多くを分配しないわけですから、当然その資金はいわゆる資本、企業内に蓄積され続けるか、還元、株主に自社株買い付けや配当で還元することとなっていきます。こうして企業の儲けは株主には手厚く分配されるようになっています。

分配が厚くなるわけですから、株価が上がり続けるのも当然の帰結です。かような労働分配率の低下という世界的な流れは収まるよりも、ますます広がっていくでしょう。「賃金は上がらない、物価も上がらない、株だけが上がる」という絶対的な流れは今後も加速していくと思います。

第2章

中国共産党創立１００年の軌跡

中国は世界の「嫌われ者」？

「習氏を党中央の核心としてしっかり団結しよう」との横断幕が中国各所に掲げられました。中国共産党の創立100年を迎えて、中国では祝賀モード一色となったのです。そのような中、習近平主席の権威をさらに強めようと様々な宣伝工作がなされています。世界の「嫌われ者」となった中国ですが、共産党という一党独裁の統治の下、強力な国家となり、今や民主主義陣営に対して最大の脅威となってきました。中国は今後どうなっていくのでしょうか？　共産党100年を振り返るとともに習政権の今後と問題点を探ってみます。

世界と中国とのコントラストが強烈です。中国国内では「共産党100年の祝賀モード」に沸きますが、世界は完全なシラケモードです。先進17カ国の世論調査によると習氏への評価は過去最低水準にまで落ち込んでいて過半数が「習氏をほとんど、またはまったく信頼していない」と答えています。

日本人の習氏への不信感はもっともひどく、何と86％の人が習氏を信頼しないと答えています。日本政府も特別な対応は一切行わないようで、「一般論として他国の政党に関し、政府として対応を取るというのは特段予定していない」と冷めたコメントを出しています。

中国共産党は極めて特異な、そして柔軟性のある優秀な政党だと感じます。というのも共産党発足当時のマルクス・レーニン主義など今や信奉している党員はいないでしょう。中国共産党は巧みに変容しながら時代にうまく対応して中国をまとめることに成功し、数々の困難を乗り切ってきました。

この基礎を作ってきたのも困難を体験、克服してきたのも、党創成期の毛沢東と鄧小平という〝2人の巨人〟の存在が光ります。毛沢東は中国人にとって最大の英雄でしょう。毛沢東は強いカリスマ性を持った指導者であり、軍事の天才でもありました。「政権は銃口から生まれる」との言葉は有名な毛沢東語録として残っていて、毛沢東が生きた時代背景も関係していると思います。彼が生きた時代は中国を実質的な植民地状態から解放させる中国にとって、もっとも激烈な混乱期であり、毛沢東はそれを主導した革命家でした。毛沢東は「革命は暴動であり、1つの階級が他の階級を打ち倒す激烈な行動である」として、農民をはじめとする国民を1つにまとめ、階級闘争の名の下に革命を主導しました。そして日本や中国の内戦であった国民党との戦争で勝利しました。毛沢東の指導の下、中国共産党が中国全土統一に成功したわけです。

戦っている時は皆が一緒になって1つの目標にまい進するのでしょうが、戦いに勝利して国を作っていく次の段階となると、当然、そのリーダーは違った資質が求められるものです。毛沢東は国を統一できたのはいいのですが、その後、権力闘争から文化大革命を起こし、中国経済を破滅させてしまいました。文化大革命では飢餓や粛清、武闘闘争などで2000万人超の犠牲者が出たと言われています。毛沢東は革命家であり軍人ですが、国作りには向かなかったということでしょう。幸いなことに毛沢東の後に鄧小平が権力を掌握しました。これが現在の中国の基礎を作る大きな転機となりました。

かような革命や闘争の大混乱期から戦いが終わって国作りが始まる過程での混乱、それにともなうリーダーの交代はよくあることです。これがうまくいかないと、どの国も発展できていません。日本の歴史でみると、明治維新の時の立役者として、一般的には西郷隆盛が挙げられ、日本国民にも人気があります。西郷は軍の大将であり戦いを主導し、勝利してきました。ところが明治政府ができると西郷の居場所がなくなってきます。当時西郷は全国に広がっていた士族の行き場のない怒りを受けて戦争を続ける『征韓論』を強く主張しましたが、政争に破れ下野することとなりました。その結果、西郷の盟友であった大久保利通が日本政府の中枢を担うようになったわけです。日本の歴史を振り返れば、かように国を動かすリーダーの交代で局面が変わってもスムーズに行われたので、明治時代の日本国がうまく発展、機能できたと言えると思います。

また逆に混乱が収まらなかった例として、豊臣秀吉が天下を取った後、秀吉死後の混乱も参考になります。秀吉が天下を取ると、戦いが収まってきた関係で国作りが重要な課題となってきました。そこで秀吉に重用されたのが石田三成でした。石田は優秀な官吏で様々な改革を成し遂げたわけです。ところが秀吉が死去すると、秀吉存命だった時代は武闘家として力を持っていた加藤清正や福島正則らの不満が膨れ上がってきます。そして石田との争いが激しくなっていきます。結局加藤や福島は徳川家康とともに関ヶ原において戦うこととなるわけです。

このように大きな力を持った権力者の死後は、その跡目争いも熾烈で混乱が避けられません。ましてや当時は国が統一されたばかりですから、余計に不安定だったでしょう。結局もう一度権力をめぐって跡目争いが起こったわけです。それが関ヶ原の戦いです。最終的に徳川家康が天下を取って日本は安定するわけですが、そこまでの道のりは紆余曲折《うよきょくせつ》だったわけです。

かように歴史をみると、権力の移行がスムーズにいくかは重要な観点です。膨大な武力だけでなく、国作りというまったく違った能力がある人物やリーダーに実質的な権力が移行できるか、ということなのです。

毛沢東から鄧小平に時代が変わる

中国も同じです。文化大革命の後、毛沢東から鄧小平に権力が移行する過程が大混乱であって危機的な状況だったと思われます。結果、毛沢東から実務家である鄧小平に共産党内での権力が移行できたところが、のちの発展につながったように思えます。1976年に毛沢東が死去することで権力の移行に混乱はあったものの、うまく政策転換できたということでしょう。こうみると中国共産党の歴史において、最大の危機は文化大革命という毛沢東の失敗の尻拭《しりぬぐ》いを行うことだったと思います。文化大革命の大混乱、いわば権力側の施政の大失敗を権力者の交代、毛沢東から鄧小平へとトップ交代で、中国共産党として巧みに乗り切れたところが大きかったと思います。

「それでもやっぱり毛沢東ですよ」中国旅行中に世話になったガイドさんが中国人の気持ちを代弁するかのように、中国人における毛沢東人気を指摘していました。2017年に「朝倉慶の中国ゴーストタウン視察旅行」ということで、内モンゴル地区のオルドスの視察を行いました。この時のガイドさんの人選はこちら側が経済に詳しい人が多数行くので、「経済的な知識のある人をお願いします」というリクエストをしました。結果旅行社の紹介でかなりのインテリの知識人がガイドとなりました。彼から興味深い様々なことを教えてもらったり、中国や日本について活発な議論をしたりしました。

ガイドの彼が言うには、天安門事件までは中国政府の中枢で働いていて天安門事件の時に民主派についていたそうです。それが天安門事件によって保守派が権力を握り、民主派は一掃され、その時から彼は政府関係の仕事ができなくなり、政府から追い出されたということです。

彼は「あの時民主派が勝利していれば私は今頃外務大臣でしたよ」と笑いながらジョークを飛ばしていました。結局彼は政府の仕事はできなくなり、日本語の知識を活かしてガイドとなっているとの話でした。ですから知識も豊富で日本語で十分議論もでき、政治的な話も思いっきりできたわけです。

「こんな政治的な話していいの？」と聞いても「大丈夫ですよ、誰も聞いていませんから」といった具合で本音を聞かせてもらったわけです。中国を語る上で彼から聞いたリアルな話は忘れられません。民主主義に関して彼は「中国では民主主義は無理ですよ」と一喝していました。というのも「日本は島国だし、中国からみれば小さいですよね。ですから議論が割れて沸騰してもまとまっていけるわけです。ところが中国は広いし、人口も膨大です。これが日本のように民主主義を行ったら、混乱ばかりになって、まとまりようがないですよ。そうなれば国が持ちません」。そう言われると「なるほど」と感じたものです。しかも彼は若い時代に民主化を求めて戦っていた1人にもかかわらず、民主主義は中国になじまないと感じているわけです。

かように中国では現在の共産党の統治を肯定する見方が多いと感じます。習近平政権への支持率は相当高いと言われていますが、それは当局の発する偽情報でなく、本当に習近平政権への支持率は高いのではないでしょうか。かつて欧米や日本など民主主義国は経済が発展すれば、いずれ中国においても、人々の政治的な意識が高まっていき、一党独裁の共産党から民主的な政治体制に変化していくだろうとの見方が優勢でした。ところが現在では政治体制の変化など将来も起こり得ないとの見方に変わりました。中国の一党独裁体制は強力で、そのまま続いていく流れです。また現在のＩＴの著しい発展が政府による個人情報の完全なる掌握を可能にして、ますます中国の独裁体制は強化されつつあるようです。

民主化とか自由選挙が正しい、また中国の人たちも自由を求めているはずと、われわれ民主主義体制に暮らす人は思いがちです。ところが現在の中国人の多くはかような考えでもないと感じます。中国でも膨大な数の学生が海外留学していますし、ある一定の人数は海外を広く見知っているはずです。たとえ共産党にとって都合の悪い事実が覆い隠されていても、ある程度の事実はわかっているでしょう。それでいて中国国内に民主化の声がほとんど出てこない背景には、ガイドの彼が指摘したような考え、いわゆる「国がまとまらないとまずい」という考えが根底にあるように思います。

ましてや、中国は１８４０年のアヘン戦争をきっかけにして欧米列強によって実質植民地化された過去があります。現在共産党創立１００年ですから１００年前の１９２１年の中国は実質植民地状態だったわけです。国として、あるいは中華民族のほとんどがその反省が大いにあると思います。「国として統一していないと力を発揮できない」「一歩間違えば国家は悲惨な事態を招きかねない」という民族としての深い反省です。日本人の場合は戦争に負けて、広島、長崎に原爆を投下されたという悲劇的な過去があります。日本のケースでは「日本は自らの国力を知り無謀な戦争はするものではない」「米国など国際社会とは協調していかなければならない」という民族としての反省でしょう。かようにここ100年は日本、中国とも激動の歴史を体験してきました。この歴史的な経緯から日本人も中国人も大きな反省や視点の変化があったのではないでしょうか。

そのガイドの彼が中国人における絶対的な毛沢東人気を指摘しました。おのおのその国において、国民的な人気のある歴史上のスターは存在しています。日本ですと、織田信長、豊臣秀吉、徳川家康と戦国時代の武将が人気で、明治維新後では西郷隆盛、坂本龍馬などでしょう。なかでも明治維新の立役者としての西郷隆盛の人気は絶対的です。彼は武闘家ですし、戦時の大将です。情が深く、信義に厚いところなど日本人の好みでしょう。しかしながら歴史を振り返ると西郷は西南戦争で時の明治政府の敵として命を落としました。非業の死を遂げたわけですが、西郷は日本人の心に迫るところがあるようです。

毛沢東を意識する習近平の演出

これと同じように毛沢東は中国人の心に迫るところがあるのでしょう。毛沢東は晩年、文化大革命という大失策を犯して中国全土を大変な混乱におとしいれた責任があると思います。中国人全般は、そのような事実には目をつぶって、国を勝利させ、国を統一させた功績を大きく評価しているわけです。それと風貌とかカリスマ性も毛沢東が圧倒的な人気を誇る理由でしょう。共産党100年の記念演説で習近平主席は限りなく毛沢東を意識した演出を行いました。ひな段にならぶ並み居る共産党幹部たちは、皆ネクタイとスーツという通常の服装でしたが、主役の習近平だけが人民服に身をかため、演説したわけです。その演説の姿は明らかに毛沢東を想起させるものであり、習近平主席が毛沢東を意識してかような演出を行ったことは明らかでしょう。毛沢東、鄧小平、江沢民、胡錦濤、習近平と歴代の中国共産党のトップはいますが、習近平主席は毛沢東と並ぶ別格の指導者であり、本人にも実力も人気も毛沢東に並びたいという〝欲求の表れ〟が出ていたと思われます。

ちなみにこのイベントの直前、中国共産党の過去を振り返る動画が中国国内で広く放送されています。そこでは共産党の歩みを4つに分け、第1期と第2期は毛沢東の時代で混乱から国を統一する歴史をみせています。第3期は鄧小平、江沢民、胡錦濤と続いて、この時期は経済発展の時期です。そして現在は第4期にあたり、習近平の時代ということです。この構成について日米欧などのメディアは「あまりに習近平が自らの立場を強くみせすぎる」「習近平自身を毛沢東と並ぶ指導者として演出し、自らの姿を核心として共産党の指導者の中でも別格の存在としてみせようとしている」との批判が多く起こっています。それはその通りで共産党創立100年という節目に習近平は自らの権威付けを行っていることは明らかです。

しかしながら、この中国共産党の歴史の分け方、第1期から第4期までの分け方は道理に合っているとも思いました。というのも国が立ち上がるまでの毛沢東の時代と、経済発展にまい進して成功した鄧小平から始まって江沢民、胡錦濤の時代。さらに今後は中国という国が低成長に入って、今までの高度成長から難しい局面に向かうという意味での第4期、これをリードする習近平の時代という分け方はあると思います。そしてこの分け方に対して習近平自身は毛沢東と並ぶ指導者との位置付けをしたいのでしょうが、実際は高度成長から低成長に突入する、もっとも不安定で混乱の時期に向かっていく期間なのです。

中国では大学卒業者が1000万人に上る時代なのに、この高学歴に見合う仕事がほとんどみつからない状況となってきています。大学を卒業して工場労働者のような仕事に就かざるを得ない状況となってきているようです。今後IT化はますます進んでいきますし、中国のジニ係数（貧富の差を表す代表的な指数）が2019年の段階で0・465に達しているとのことです。一般的にジニ係数は0・4を越えると、社会が混乱状態に陥るとみられています。中国の貧富の差はもはや看過できないところまできているようで、共産党のいう平等の考えなど完全に吹っ飛んでいます。

2020年5月、李克強首相は全国人民代表大会の記者会見で「中国では月収1000元（約1万7000円）の人が6億人もいる」と述べました。これは衝撃の発言で、依然中国はかように貧しいのかと驚きを与えたわけです。ということはいわゆる一部の富裕層、金持ちは膨大な資産を握っているわけです。この格差は極めて大きいというしかありません。深圳や上海など主要都市では住宅価格は年収の50倍を超えると言われています。まさに中国は世界で一番資本主義が広がっているような世界であり、その格差は想像を絶するほどでしょう。

このような時に低成長に至れば、多くの国民の不満が爆発する可能性も否定できません。かような難しい局面に向かうところで、中国の政治をより強権的な独裁にしていかないと、中国国内の統制が効かなくなる恐れがあるとも言えるでしょう。

習近平が自らの任期を延長させて、実質トップを終身続ける体制を作ろうとしています。これは国内が不安定になることを見越した上で、かような情勢になりつつある中国の実態も理解すべきでしょう。

父・習仲勲の苦難

ここで幼年期の習近平の生い立ちと習近平の父親である習仲勲《しゅうちゅうくん》を振り返ってみます。習近平は子どもの頃、文化大革命によって父親が幽閉されたため、彼自身は極貧で大変な苦労をしたと伝えられています。そのあたりの幼少時代の大変な苦労が習近平を我慢強い大人物に育て上げたと言われています。

一方で父親が文化大革命の最中、毛沢東の命により共産党の幹部の地位から失脚させられたということです。当然、習近平は子ども時代の苦労から毛沢東に対して批判的な考えを抱くのが普通だと思いますが、今回の共産党創立100年の演説において、文化大革命など中国の歴史の暗部となる毛沢東批判を沈静化させるように努めているわけです。なぜ習近平は毛沢東を再評価しようとするのでしょうか？　自らの父親を幽閉し、習一族を窮地に追いやった毛沢東を恨まないのでしょうか？　習仲勲の経歴と生き様を追ってみます。

習仲勲年表

1928年　中国共産党入党　その後、党、政、軍の工作の中心人物に
1949年　中華人民共和国成立
1952年　党中央宣伝部長
1956年　党中央委員
1959年　国務院副総理兼秘書長

1962年　毛沢東から批判され失脚（1962年～1978年　16年間拘束）
1978年　名誉回復　広東省第一書記就任

習仲勲はまさに毛沢東とともに中国共産党の立役者であり、幹部であり、中華人民共和国設立に尽力した人でした。その人物が幽閉されたところも、中国の歴史の暗部を反映していて興味深いところです。また彼の子の習近平が共産党のトップになるところに数奇な運命を感じます。現在、文化大革命の否定的なところを封印して毛沢東の権威を復活させるかのごとく、習近平自身も毛沢東のような権力を欲している姿も感じます。習近平自身は文化大革命の暗部を詳細に知っているわけで、それはひいては独裁政治の危険性でもあるわけです。

しかし皮肉なことに習近平は毛沢東のような絶対的な権力を下に、自らが主導して「中国の夢」を実現しようとしているわけです。子ども時代、習近平はその体験から文化大革命や毛沢東を毛嫌いしたのではないかと想像します。その彼が限りなく毛沢東に近づこうとしている姿に危うさを感じます。「中国の夢」を振り返りましょう。

ナショナリズムを煽る危うさ

「誰しも理想や追い求めるもの、そして自らの夢がある。現在みなが中国の夢について語っている。私は『中華民族の偉大な復興』の実現が近代以降の中華民族のもっとも大きな夢だと思う。この夢は数世代の中国人の宿願が凝縮され、中華民族と中国人民全体の利益が具体的に表れており、中華民族1人1人が共通して待ち望んでいる」（2012年11月15日習近平）

この発言には習近平の考えや目指すところがはっきり示されていると感じます。文中、「中華民族」と言っていますが、実際には中華民族なる民族は存在しないと言われています。いわゆる中国を支配するのは漢民族であり、「中華民族」という言葉には中国における膨大な民族、漢民族だけでなくモンゴル族やチベット族、朝鮮民族やウイグル族などを〝総体〟として捉えて、同国に居住する人の総体として中華民族と呼んでいるわけです。これは中国における各民族の結束を目指すための詭弁《きべん》でしょう。中国共産党が目指しているのは漢民族が支配する国家としての中国全土の姿です。

そしてこの漢民族が支配するのは中国だけでなく、世界に広げていこうということです。漢民族を中心とする中国の勢力エリアを中国共産党の力で大きく広げるという野心は非常に強いと思います。どの民族でも自らの民族の誇りを鼓舞するような指導者は好まれるものです。指導者が民族のプライドを元に誇り高く、国を運営しようとするのは国を統治する常套手段でもあり、大事なことでもあるでしょう。自らの民族を優秀であると強調するのは指導者の気質にもよりますが、一般的にあることと思います。この民族意識が強すぎるとナショナリズムが強すぎて、外交関係で摩擦を引き起こす可能性も高くなります。このあたりの国民の意識のコントロールも国を統治するための重要な点です。

ナショナリズムを鼓舞されるのは国民にとって気持ちのいいものです。自らの民族の優秀性を伝えることで国民はプライドを持ちますし、やる気も出るというものです。

仕事の上でも人の使い方として、部下に対して自信を持たせる、やる気を引き起こすというのは重要な一歩です。「お前は力がある」「お前が本気になれば大きな仕事ができる」「よくやってくれた」と人を使う上で褒める、才能を認めるなど、やる気を引き起こすための手法が多々あります。

これと同じでナショナリズムを煽って、国民を鼓舞するのは国民に自信を持たせるという意味で効果満点です。また自らの民族が優秀と言われれば、誰も悪い気はしません。昨今は指導者において、かようなナショナリズムを煽るケースが世界中で頻繁に見受けられるように思います。

例えば、米国のトランプ前大統領は「アメリカ第一主義」というキャッチフレーズで国民を煽りました。アメリカ第一主義の背景にはアメリカは偉大、アメリカ人は優れているという気持ちが背景にあると思います。トランプ氏が演説会で「アメリカが一番」と叫んでいると、聴衆全員が興奮してくるわけです。その場にいると自分もその興奮の輪に入っていくようで聴衆全体に一体感が生まれ、気分がよくなるという構図です。トランプ氏の演説会は大人気。ちょうどロックコンサートなどで異様に盛り上がり、ミュージシャンと観客とが一体化する構図と一緒です。プライドをくすぐり、観衆を皆一体化させるわけです。トランプ氏が白人のブルーカラー層に圧倒的な人気があったのは、かつて自分たちだけが〝豊かさ〟を享受できた白人の天下だった時を思い起こさせるところがあるのでしょう。米国でも世界的な波を受けて製造業に従事する労働者は、仕事を中国や新興国に奪われました。GMやフォードの工場労働者は、かつて一生同じ職場で仕事をして給料をもらって安定した生活を続けることができました。それがグローバル化の波が押し寄せ、今やそうはいかなくなりました。多くのブルーワーカーの白人たちが職を失い、それによってプライドもズタズタにされたわけです。

かような労働者に希望の光を与えたのがトランプ氏でした。白人労働者たちが自分たちの欲求不満を自らの責任に帰するのではなく、政治や他の国のせい、社会のせいにすることで気持ちが楽になるわけです。そして溜まった怒りを政治や他国に向けるようになります。「悪いのは自分でなく環境や他の国のせい」と納得するわけです。かような手法は「民衆を煽るポピュリズムの手法」と言われ、過去から現在までほとんど変わりません。

しかし悪者を作って国民をなだめようとする手法は、のちに問題を起こす可能性が高いのです。摩擦や分断が激しくなるわけです。現在の米国そのままです。

かつてのヒットラーも同じ手法でした。第1次世界大戦で荒廃したドイツ国民を鼓舞したわけです。ヒットラーは「もはやわれわれは敗者ではない！　世界はわれわれを裁くことはできない！」かような演説を行うことで、民衆はワーと沸き上がるわけです。明らかに民衆1人1人が感じていた不満や不安が一気に吐き出される瞬間です。民衆は気持ちがいいわけです。そして悪玉を作ることも重要です。ヒットラーの場合ですと「悪いのはあなたではない！　政治が悪い、ユダヤ人が悪い」と叫ぶわけです。こう言われると人々は「悪いのは自分ではない、苦しいのは自分の責任ではない」と感じ、精神的に楽になるわけです。

トランプ氏の場合も「悪いのはあなたではない！　政治が悪い、中国が悪い」「選挙が盗まれた、われわれが勝利者だった」と叫ぶわけです。トランプ氏はアジテーターで民衆がどのようなことを強調すれば喜ぶかよくわかっています。根っから独裁者の気質を有しているようです。それでも人は苦しい時は独裁者のような強い指導者を求めるようになります。それが人類の歴史です。

日本の場合も同じでした。太平洋戦争に至る最中、戦争遂行をリードした時の首相東條英機は「建国2600年、われわれはまだ戦いに敗れたことを知りません！」と叫ぶわけです。これは日本人全体、聞いて気分のいい言葉でしょう。当時の段階では「日本国民は戦争で負けたことはない」というのは事実でしたし、かような日本人のプライドをくすぐれば日本人が沸き立つのも当然でしょう。しかし一方でナショナリズムを高揚させると国民の暴走が止まらなくなるケースが多々あります。

当時を振り返るとわかりますが、軍部が真珠湾の奇襲を報告する中で日本全体は開戦を喜びました。〈鬼畜米英〉とのスローガンの下、日本中経済低迷で閉塞感もあった中ですから、余計に米国との開戦を狂喜したわけです。今振り返れば、あれほど強大な力を持つ米国に対して戦争を挑むとは愚かなことをしたものだと反省するわけですが、当時はそんなムードはありません。1867年の明治維新があってから日本は新しい時代に突入し、その後わずか30年足らずで中国、当時の清国と戦争して勝利するわけです。さらにその10年後、今度はロシアと戦って日露戦争に勝利するわけです。中国もロシアも日本の隣国の超大国です。その二つの超大国に対して、明治維新後、わずか40年にも満たない期間で日本国は勝利するに至るわけです。

これでは日本人全体が驚喜して、自らの力を過信するのも当然でしょう。日露戦争後20年超経って世界大恐慌から日本が大不況に陥るわけで、日本人のプライドはかなり高くなっていましたし、ますます好戦的になっていたと思われます。日本は中国に攻め入り、満洲国設立を宣言します。これを認めなかったのが当時の国際連盟、リットン調査団でした。これに不満だった日本政府は1933年、当時の外務大臣である松岡洋右が会議の中で国際連盟脱退を堂々と宣言、総会を後にしたわけです。その毅然とする松岡の姿に日本中が「よくやった」と歓喜したわけです。かような情勢ではもう日本全体が好戦ムードであり、挑まれた戦いを逃げるという選択肢はなく、売られた喧嘩は受けて立つという国民全体の姿勢だったと思われます。

今生きているわれわれは、当時の日本の軍部を無謀な戦争を行って国を滅ぼしたと総括していますし、「バカなことをしたものだ」と考えるわけです。しかし当時は国の勢い、世論の勢いというものがあり、そのような冷静な判断はできなかったと思われます。まさに英米と戦うとなれば、「それいけ」との勢いで日本の世論は圧倒的に開戦を支持したに違いありません。のちに生きているわれわれが歴史を振り返った上で過去を総括するのは簡単ですが、当時のナショナリズムは強烈で誰も戦争を止めることはできなかったのです。

たとえ止めようとしても極めて困難な仕事だったのではないでしょうか。時代にはその時、その時の勢いがあり、そのような局面で指導者がナショナリズムを煽ると時代の勢いを余計に止められなくなるわけです。戦争の時代だった20世紀の状況を振り返って、現在心配な状況にあるのが習近平率いる中国の現実です。習近平主席をはじめとする中国の首脳部はあまりにナショナリズムを煽りすぎています。中国の人たちの高揚感の高まりが止まらない感じです。

米中対立　アジアは最前線

「あなた方は上から目線でさも偉そうに中国に対して物を言う資格などない！」2021年3月18日、アラスカで行われた米中の外交トップ会談で中国側の外交の最高責任者、楊潔篪《ようけつち》氏は強烈に米国側をこきおろしました。

これは多分にメディア向けのパフォーマンスという面はあったと思いますが、それにしても世界に配信されることがわかっている注目の会談で、中国側はかような表現で世界一の大国である米国を威嚇するとは驚きです。この映像や写真は中国国内では何度も放映され、中国人全体が溜飲を下げたような満足感に浸っているようです。報道される時に、この場面と一緒に120年前の義和団事件の時に、中国側代表が欧米各国や日本などの代表に罵倒され屈辱的な要求を飲まされた場面、いわゆる「北京議定書」の交渉場面の写真を重ね合わせた報道がされています。実際120年前の1901年義和団事件後の交渉では中国側（当時清王朝）と欧米列強や日本は北京議定書を締結、中国側は欧米と日本に対して、賠償金8億5000万両を支払うこととなりました。

当時の清王朝の1年間の国家予算は約1億両と言われていた時です。中国は国家予算の8年分超、いわば日本の現在の予算規模で考えれば1000兆円にも上る賠償金を要求され、それを清王朝は泣く泣く受け入れたわけです。この議定書により、北京は完全に占領され、警察権は欧米や日本に奪われ、この後中国は欧米各国や日本の実質的な植民地となっていきました。まさにこの時期中国において1840年のアヘン戦争から始まった悪夢は一方的に酷くなっていくばかりでした。

この時期は中国にとって歴史上忘れることのできない「屈辱の100年」の最中であり、その象徴としてこの北京議定書の会議の写真があり、この写真とこの当時の歴史的な事実ほど中国人を奮い立たせ、鼓舞するものはないわけです。ですから今回の楊潔篪氏の米国を罵倒する発言は中国人の心にささったわけです。

国家がナショナリズムを奮い立たせることとは悪いこととは思いませんが、中国の現在のあまりにタカ派的な振る舞いには危うさを感じないわけにはいきません。

世界史を振り返れば、ナショナリズムを煽って破滅の道に至った国家のケースが何度も見受けられるわけです。核兵器という人類を滅亡させる兵器を手にした人類ですから、お互いが破滅する馬鹿げた戦争など行うはずもないとの冷静な見方もあります。そのように破滅的な争いや対決は起こらないと思いますが、それでも現在の中国をみていると、軍部と深く結びついて超タカ派の習近平率いる中国共産党の動きに不安を感じないわけにはいきません。

とにかく現在の中国は自らの侵略的、強引な姿勢は棚に上げ、一切の批判に耳を貸しません。着々と「中国の夢」、中国が世界一の国になるための行動、布石を打ち続けているわけです。特に昨年、世界でただ一国、中国だけがコロナの波を封印できた自信は大きかったと思います。自らのやり方、共産党が主導する政治体制の優位性に強い確信を抱いたようです。コロナの波を封印した事実と他国の混乱ぶりを国民に報道し続けることで、習近平率いる中国共産党はますますその権威を絶対的なものとしていったのです。ですから中国は他国の意見など聞く耳を持たなくなってきました。そして自らを批判する者は容赦なく叩くのです。

そして中国には「どうしても譲れない核心的な利益」があり、それがチベット、ウイグル、内モンゴルの支配であり、香港の支配であり、そして台湾と尖閣の奪取であるわけです。今や中国はチベット、ウイグル、内モンゴルは完全に制圧して我が物としつつあります。そして昨年は香港に強権を発令して民主化を潰し、一国二制度を実質廃止して香港を完全に中国共産党の支配下に入れることに成功しつつあります。

となると残った次なるターゲットは台湾であり尖閣です。これを習近平政権は何としても奪い取らなければならないと思っているはずです。そのために習近平は10年という任期を延ばして永遠に権力を握ることを目指しているわけですが、中国国民も、この台湾と尖閣を習近平政権下で奪い取ることを「暗黙の絶対的な命題」として習近平に託しているように思います。ですから中国国民の大多数は習近平の独裁を内心支持しているのではないでしょうか。当然のことながら一歩、一歩と習近平政権は目標奪取に向かって突き進んでくるわけです。

「台湾への脅威は今後6年以内に明白になるだろう」3月9日、米国のインド太平洋軍司令官デービッドソン氏は議会ではっきりと証言しました。同氏によれば「中国は野心を加速させている。台湾は明らかに野心の中にある」ということです。さらに次期司令官に指名されているアキリーノ氏は3月23日の米上院公聴会で「中国の台湾侵攻は大半の人が考えるよりはるかに近いと思う」と述べています。これに先立って3月2日に行われた米上院軍事委員会公聴会でマクマスター元米大統領補佐官は「北京冬季オリンピックが終わる2022年以降が台湾にとって最大の危機を迎える時期になる」と警告しています。これら中国の軍事的な動きや情報に精通していると思われる米国のトップクラスの軍人たちが発し始めた警告は鬼気迫るものがあります。当然バイデン政権も台湾や尖閣をめぐる危機的な情勢に対して身構えてきたわけです。

「トランプ政権からバイデン政権に移行して米国が中国に対して融和的な政策を取るのでは」と懸念されていましたが、そのような懸念は払拭されつつあるものの、中国側はバイデン政権を弱いと感じているように思います。

ですから中国側は今後あらゆる問題でますます強硬に出てきて、米国側の出方を随所で試してくるでしょう。かような動きの一環として軍事的な挑発を繰り返し、その結果、偶発的な衝突が起こる可能性があります。あるいは中国側が確信犯的に事を起こす可能性も否定できないでしょう。

一筋縄ではいかない中国に対峙するバイデン政権

かような中国側の変化を感じ取っているからこそ、余計にバイデン政権は体制を固め、断固とした姿勢をみせなくてはなりません。このような背景をもとに米国の国務長官と国防長官がまず揃って外交訪問地としていち早く日本を訪問したものと思います。そして菅首相は誰よりも早く対面での会談をバイデン大統領と行ったわけですが、そのもっとも重要な議題は台湾と尖閣をめぐる危機と日本の役割に対してのものでした。対中国をにらんだ場合、今の文在寅政権下の韓国はまったくあてになりません。米国は同盟国である日本をもっとも頼りにして重要視し、さらに責任分担を求めてきたのです。そして日米首脳会談では「台湾海峡の安定が重要である」との共同宣言や「尖閣は日米安保の範囲内」との宣言が出されました。中国側の出方はわかりませんが、昨今の中国の行動をみているといつ事を起こすかもしれないという危機感が米国側にあると思われます。中国は今年2月新しい「海警法」を施行、「中国の管轄下にある海域に違法に入った外国船に対して武器の使用を認める」としました。

これは従来の姿勢から尖閣奪取に向けて一歩駒を前に進めた形であり、軍事行動を起こすための前段階ではないでしょうか。中国からすれば、台湾を軍事的に奪取することは依然至難のわざでしょうが、それに比べれば尖閣奪取は難易度が格段に違います。中国側からみて尖閣も取れないで台湾を取ることなどできないでしょう。そういう意味では中国の動きは甘くみるわけにはいかず、このあたりの危機的な情勢も考慮して米国側は日本との協力体制作りを急いでいるように思います。

バイデン政権はトランプ政権の方針を一変させて、同盟を重視しています。これは正しいやり方だと思います。とても今の中国に対して米国一国だけで対応するには無理もあるでしょう。ただバイデン政権は対中政策で軟弱だったオバマ政権のメンバーがそのまま残っています。ですからどうしても弱いイメージが払拭できません。バイデン政権はトランプ政権のような強さや何をするかわからない不気味さを感じさせないところが難点です。中国側はバイデン政権の方針は計算できると感じているでしょう。予測可能であれば対応策策定も容易です。

バイデン政権は発足以来次々と外交攻勢をかけ同盟国との意見調整を行い、同盟国間での意思統一を図ってきました。今回の米中外相級会談を前にしても、それに先立って米国、日本、オーストラリア、インドのクアッドという4カ国の連携体制を作りました。そして会談直前には国務（外務）大臣と国防大臣が揃って日本、韓国と訪問して意見をすり合わせてきました。これこそが当たり前で正常な外交のやり方です。バイデン政権は欧州とも意見のすり合わせを図り、人権問題を前面に押し出して、欧州の中国に対しての人権問題への制裁を導き出しました。これら民主主義国家をまとめて、対中包囲網を作り出してきたことは短期間でのバイデン政権の大きな成果と思います。

しかしそれに対して中国側も黙っていません。中国側は素早く対応してきています。「米国には米国の民主主義、中国には中国の民主主義がある。米国型の民主主義が世界の多くの国で支持されているわけではない」楊潔篪氏が米中会談で述べたように、中国は世界の多くの国が米国や欧州、日本のような民主主義を採用できるわけでなく、逆に民主化を阻害したい多くの国が存在していることをよくわかっています。ですから中国は外交的な手段として人権問題を逆手に取って「内政干渉に反対する」と様々な国と提携しはじめています。

まず中国はお仲間である権威主義国家、ロシアや北朝鮮、イランなどと関係を強化しつつあります。さらに中国外相は中東諸国を相次いで訪問、バイデン政権が主導する人権外交への対抗を呼びかけているのです。サウジアラビアは米国の同盟国ですが、ムハンマド皇太子が深く関与したとされるトルコでのサウジ総領事館内でのカショギ氏殺害事件によって人権問題を全面に押し出すバイデン政権との関係を緊密化することができません。

このような人権問題は専制体制を敷く中東諸国ではタブーな話です。ですから外交巧みな中国は中東においては「反人権外交」にスポットを当て、中東各国から「内政干渉反対」との言葉を次々と引き出し、中国側と中東各国で意見が一致することを高らかに強調することとなりました。さらに中国とイランは経済分野で25年にものぼる関係強化に合意したのです。かように米国の外交空白の隙間をついて中国は着々と中東に橋頭堡《きょうとうほ》を築きつつあります。バイデン政権をはじめとする民主主義陣営は「民主主義と人権」を前面に打ち出すことで——皮肉ですが——世界の多くの国の支持を得られないという難題に直面しています。

中国側は自分の持っている武器、強みを最大限に活用します。中国の圧倒的な強みは市場の大きさであり、その圧倒的な人口からくる購買力、経済力です。この魅力に世界の企業はひれ伏そうとしています。スウェーデンの衣料メーカーへネス・アンド・マウリッツ（H&M）は、ウイグル地区での強制労働に対して懸念を発表しました。ところが、その行為は中国で問題視され、ついに不買運動にあい、強烈な逆風にさらされています。中国側としては「中国でビジネスを行いたいなら人権問題に口を出すな！」ということです。かように中国共産党は圧倒的な市場支配力を利用して批判者を黙らせるのです。

2021年3月22日、EU（欧州連合）と英国、米国、カナダはウイグルで重大な人権侵害が行われているとして、中国側に制裁措置を発表しました。これに対して中国側はすかさず、これらの国や地域に対して報復の制裁を発表したのです。これによって昨年末締結された欧州と中国との投資協定の先行きに暗雲が立ち込めてきました。この協定は中国が苦労して交渉を重ねてきたものです。それが破談しても構わない、中国は自らを批判する者は決して容赦しないという構えです。かように現在の習近平政権は強気で超タカ派、経済的なリスクを冒すことなど恐れていません。トランプ政権の下、激しい貿易戦争を仕掛けられましたが、結局はコロナ禍、各国は中国製のマスクや医療用製品、電化製品を争うように購入せざるを得なかったのです。世界は中国を必要として中国なしでは立ち行かないかのようです。

「欧米には、左の頰を打たれたら、右の頰を差し出すという考え方があるが、われわれの文化では殴り返す」との習近平の言葉通り、中国はますます強硬になって牙をむいてきます。「東昇西降」、東側（中国）が登って西側（欧米諸国）が沈むと、1月の講話で習近平は力説したと言われています。まさに昇龍の中国、現在の習近平政権の強硬路線を抑えるすべはないかのようです。宿命のライバルである米中、対決は不可避の情勢です。そしてその最前線はこのアジア、台湾と尖閣に危機が迫ります。

中国の選民思想を考察する

「われわれは有益な提案と善意に基づく批評を歓迎するが、上から目線で教師面した説教は決して受け入れない」

7月1日に習近平主席は共産党100周年演説で強調した場面です。このフレーズは、3月18日の楊氏の発言とほぼそっくりといっていい表現です。そしてともに中国国民はこの発言に喝采を送っています。習近平主席の演説においても、この発言の後に民衆はどっと沸き上がっています。いわば米国に対して「生意気なことを言うな」という態度です。

かようなナショナリズムを高揚させるような演説は人々を熱狂させるものなのです。そもそも中国は4000年の歴史を持つ大国です。日本も中国から様々な文化を受け入れたことによって発展できたわけです。漢字などの文字も中国から取り入れた典型的な文化です。中国人からすれば中国4000年の歴史を考えれば、建国してわずか250年足らずの米国とは歴史の重さが違うという考えでしょう。米国の独立宣言は1776年です。米国は今年2021年で建国245年となります。中国4000年の歴史と比較すれば米国の歴史は、唐や清国や明国や元国など中国の1つの王朝の歴史にも及ばないのです。そのような世界にも稀な長い歴史を持つ中国を牛耳ってきた漢民族が自らの優秀性に強いプライドを持っているのも当然でしょう。

そもそも中国の歴代王朝は世界における自らの存在を別格と捉えていました。中国を取り巻く各方面から様々な使者がきても、中国王朝は彼らより上であり、彼らは中国の王朝に当然のごとくひざまずくという考えです。「中国」という言葉自体が「真ん中の国」という意味で、中国は世界の中心であるという考えです。そして中華思想というのは、中華の天子が世界の中心であるという考え方です。「中華」とは「中」と「華」が合わさった言葉です。「華」とはいわゆる文明のことを指すのですが、「中」がなかという意味ですから、「中華」は文明の真ん中にある、文明の中心にあるという意味になります。文明の中心にあるということは、中華の人々は文明人なのだから、いわゆる「選民」、選ばれた人というわけです。

これを発展させて考えていくと中華は選ばれた人ですから、周りは選ばれてない普通の人、ないしは野蛮な人となります。このあたりについて司馬遼太郎は「華が文明であるかぎりは野蛮が存在しなければならない。具体的に（地理的に）言えば、華はまわりを野蛮国で囲まれているからこそ華である」と表現しています。歴史的にかような選民思想を持っているのが漢民族ですから、そのような従来秘められていた思想がここにきて表に出てきたとも言えるのではないでしょうか。そもそも清朝時代の皇帝はかなり横柄な態度でイギリスなど欧米列強に対応していました。

ところが欧米列強は産業革命後、著しく発展していましたから、その武力において清国を圧倒できる体制が整っていたわけです。それでも清国自体に大国意識が抜けない状況にあり、当時は西太后《せいたいごう》など無能な指導者が清国を支配していた現実もあり、一気に衰退していったわけです。日本とも日清戦争などで、中国側は惨敗したわけです。これらは当時、清国の大国意識と無能な指導者がもたらした悲劇的な帰結とも言えるでしょう。ですからある意味、完全に滅びた清国という存在があって、その後の中国全体の立て直しの過程で中国共産党の活躍につながっていくわけです。アヘン戦争から始まった清国末期の悲惨な状況が中国を劇的に変化させるきっかけを作りました。そして中国人からみれば、毛沢東という救世主が国を救い、立て直したということでしょう。

いずれにしても4000年の歴史を有する中国、そしてその中心にいた漢民族は本来、強い選民思想を持っていたことは疑いありません。それがここにきて経済発展が著しくなり、ついに米国を抜くことがみえてきたということで、漢民族全体に高揚感、自らが世界のナンバー1であるという長い歴史を経てきた元来の選民思想がよみがえりつつあるように思えます。そして現在それを主導するのが習近平ということでしょう。

第3章

凋落する中国の政治と経済

陰りをみせた戦狼外交と反省

現在の中国はトップである習近平主席が本質的にかなりタカ派的な体質を持っています。かような姿勢は軍部など中国国内の右派勢力にとっては満足感のいくものでしょう。台湾の奪取など積年の課題は、習近平主席に委《ゆだ》ねたいというところでしょう。台湾との統一について「習近平主席ならやってくれる」という期待も広がっていると思われます。国の指導者としては一般的に右派的な人物が大きな人気を得るものです。日本の安倍前総理も右派的な気質も持っていましたし、同じく米国前大統領のトランプ氏も右派的な気質がありました。

ただ国際的にみると右派的なトップばかりが出てくると、各国の対立が激しくなって思わぬ衝突が起こる可能性も高まってきます。今回中国は「戦狼外交」といって外交官中心に極めてタカ派的な外交姿勢を示すようになり、これが各国から非難を浴びて現在中国外交が行き詰まりをみせているように感じます。

本来は調整役になるべきである中国の外交官があまりに強気、タカ派の発言を連発するようになってきたのも、中国のトップである習近平主席におもねる姿勢が鮮明になってきたからと感じます。中国の外交官はまるで強気姿勢を競ってみせるようになってきて、それが戦狼外交と言われ、世界中でひんしゅくを買っているわけです。トップである習近平主席の姿勢をみて、各外交官が習近平主席に忠誠を尽くすのをみせるかのように、激しい言葉をあらゆる地域で連発するようになっています。一連の流れは完全に中国で確立しつつある独裁体制の副作用と感じます。習近平主席が中国における独裁者となってきたので、政府関係のあらゆる人たちが独裁者だけをみて、独裁者である習近平主席の意向を我先に体現しようとするわけです。それが出世の道ですし、そうしないと忠誠を疑われるという一面もあるでしょう。

しかしながら、かような中国の戦狼外交が世界中で展開されたことで、明らかに行き過ぎとなり、中国自体が実質的な損失を被るケースも相次いできました。中国は欧州と昨年末、長い交渉の末、やっと貿易協定を結ぶことができたのですが、その後のあまりに激しい戦狼外交の展開によって貿易協定はご破算になってしまいました。オーストラリアとの関係なども極めて悪化して貿易関係に支障をきたしています。インドとも軍事的な紛争を抱えています。結果、ファーウェイの5Gの機器導入はインドから拒否されました。そして日米豪印の4カ国が結束して中国に対抗するクアッドという体制も作られました。これらはあまりに強硬な中国の外交姿勢に対しての反発から生まれてきたものです。外交を得意とする米国のバイデン政権は中国のかような失策気味の外交下手を捉えて欧州との関係を修復、さらに中国包囲網の確立にまい進しています。

このように戦狼外交の引き起こした問題を中国自身も反省、習近平主席自身もあまりに行き過ぎで少しタカ派姿勢を改めたほうがいいのでは、との考えに傾いてきたようです。これももっともなことであまりに強がって不必要な喧嘩を売るのも考えものということでしょう。

習近平主席は3月の会議で「対外宣伝を強化せよ」「国際的な宣伝を強め、我が国に有利な外部の世論環境を作り出す」よう指示しました。そして具体的に「対外発信には自信を示すだけではなく謙虚で信頼され、愛され、尊敬される中国のイメージの形成」を目指すとして「知中派や親中派の友達の輪を広げる」ように指示したわけです。

この習近平主席の指示に基づいて「攻撃的な外交姿勢を抑制する」ことをテーマに4月中国の高官の会議が開かれました。戦狼外交が米国や他の国を遠ざけ、中国経済を孤立させかねないとの懸念が中国首脳部全体に急速に広がってきたわけです。こうして習近平政権は戦狼外交の最前線となっている外交官向けに彼らが使うツイッターに関する指針を作成、攻撃的な姿勢を弱めるための措置を講じたのです。一連のちぐはぐな流れは、まさに中国外交と習近平主席の方針への皮肉としかいいようがありません。誰も習近平主席に物を言えない雰囲気があるので、かような齟齬《そご》、ないしはいらぬ混乱が生じるのだと思います。

一方で中国の外交官もこのような本国の方針転換を受けてかなり戸惑っているようです。というのも今まで戦狼外交を主体として強気、強気で各国に対して無礼な振る舞いを続けてきたわけで、いきなり180度の変化もできないということもあるでしょう。さらに外交官にとって厄介なのは中国国内の世論の動向です。今や中国ではトップである習近平主席の方針に賛同する雰囲気が巷にあふれかえっているわけです。先にかつてナショナリズムを煽った日本の軍部の例を出しましたが、中国の現在は日本の戦争前とは言いませんが、かようなナショナリズムの煽りが国民のタカ派姿勢に火をつけてしまったわけです。ですから仮に中国の外交官が露骨に外交的な態度を軟化させるようなことがあれば、今度は国内の保守派をはじめとする国民が面白くないでしょう。もはやタカ派になった国民の気分が簡単には収まらなくなるわけです。

ましてや中国の愛国的なユーザーは強烈ですから、外交官が外交で下手な軟化方針でもみせようものなら、ネット上で激しいバッシングを受けかねないというわけです。かような事情があるので外交官としても、今更「タカ派的な姿勢を改め、愛されるように振る舞え！」などという本国からの訓令がきても、とてもそのような指示に簡単に従えないし、どのように振る舞えば無難にすむのか悩んでしまうわけです。本国からの要請は一方で「愛されるように温和に」と注文しながらも、しっかりと中国としての「闘争心」は示すようにとのリクエストです。

これでは外交官もどうしたらいいかわからないでしょう。まさに混乱です。習近平という独裁者をみながが一斉にみているだけなので、朝令暮改のような習近平主席の一挙一動が引き起こす混乱に現場が翻弄されていると言っていいでしょう。

実際問題、具体的な事象をみても中国のナショナリズムは抑えが効かない状態に近づいていると感じます。「中国の点火VSインドの点火」という写真のコラムがネット上で話題となりました。これは中国が月に人類を送るためにロケットに点火しているわけですが、その写真と対比させて、インドではコロナ感染者の拡大が止まらず、死者が急増していて火葬場が常時点火している状態なのです。この中国の誇るべき科学技術の発展度合いとインドでのコロナが封じ込められない悲惨な現実を一緒に写真として比べることで、いかに中国が素晴らしく、いかにインドが遅れていて悲惨なのか、対比させているわけです。

さすがにこのような他国の不幸を笑い者にするような描写はあまりに酷すぎるということで、環球時報の編集長がかような風潮を批判したわけです。当然のことと思います。ところがこの批判に対して中国のネット上では怒りが爆発、環球時報の編集長は「インドの犬!」と罵られる始末です。かようなエピソードをみても、いかに現在の中国のナショナリズムが行き過ぎで危ういところに近づいているかわかるというものです。習近平主席ももはや止められないような激しいナショナリズムの波が中国全土を席巻し始めているようで、今後の中国はますます危うい行動に打って出る可能性が強いと懸念するしかありません。

少子化問題と「寝そべり主義」の台頭

文化大革命に次ぐ中国共産党の危機、天安門事件は1989年6月に起きました。民主化を叫ぶ民衆に対して軍隊を投入して虐殺するという中国の歴史上の大きな汚点です。この天安門事件を主導したのは時の権力者、鄧小平です。当時は東欧をはじめ旧ソビエト連邦などの共産圏が一斉に崩壊する流れにつながっていきました。共産主義は完全に崩れ、経済的にも立ち行かなくなっていったわけです。歴史学者フランシス・フクヤマは「歴史の終わり」と称して、世界は民主主義の勝利ということで、どんな政治的な統治体制が優れているかは歴史的に明らかとなったと言われたわけです。そのような中、民主化を弾圧して共産主義を貫く中国共産党は異様な存在と思えました。天安門事件は歴史に逆行する動きと思われ、いずれ中国も民主化される時がくると信じられていました。中国が民主化できないのはひとえに貧困からの発展段階であるからだというふうに思われていたわけです。

この天安門事件では中国は国際的にも非難をうけ、共産党による強権的な統治について国内的にも議論があったと思われます。ところがこの圧倒的な危機も中国共産党は乗り越えました。中国は引き続き共産党統治による一党支配を続けながら経済的には改革開放路線を取り続け、経済は米国をはじめとする資本主義を中心として動く世界の潮流に組み入れられていったわけです。一見矛盾したこの政経分離、国内政治は共産党一党独裁を続けながら経済的には国を開き世界と交流していくという、この中国式の関わり方がうまく機能していったと思われます。

鄧小平が敷いた路線に従って、次の指導者、江沢民や胡錦濤なども無難に中国を運営していきました。2001年になると中国は念願のWTOへの加盟を果たしました。これを機に中国はさらに経済発展を加速させていきました。中国全体が著しい経済発展をしていく中で、中国は巧みに国際社会に溶け込んでいったわけです。鄧小平の唱えた外交戦略「韜光養晦《とうこうようかい》」路線、いわゆる「本心を隠して才能を隠し時期を待つ」方針を中国首脳部は貫きました。中国は決して自らが出しゃばることもなく、国際的に強い発信を行うこともありませんでした。自らは発展途上国と称して、数々の恩恵を受ける立場だったのです。日本は中国に有償無償の援助を行い続けていたわけです。

かようなやり方が転機となったのが2012年習近平政権の発足からです。習政権は「中国の夢」を全面に押し出して、もはや世界一を目指すことを躊躇《ちゅうちょ》なく公言するようになったのです。発展してきて米国を抜いて世界一になることがみえてきた時点で、さらに中国は大きく変わってきたのです。しかし問題は多々あるわけで、いばらの道が待っているように思えます。具体的にみていきます。

1つは少子化の問題です。発表された中国の2020年の出生者数には驚かされました。2020年の出生者は1200万人、これは2016年の1758万人に比べ、558万人も少なく、4年で出生者数が30％超減少しているのです。しかもこの間、中国は2人目の子どもを産むことを許可したわけで、いわばその2人目の子どもができる特需があってこの状態にまで落ち込んでいるという強烈な現象です。これではいわゆる出生率は1・1、いわば女性1人が生涯に産む子どもの数も世界でも最低水準になってきたということです。当局は3人目の子どもも許可する方針を打ち出しましたが、一向に効果はありません。中国も発展してきて以前とは状況が激変しています。日本などと同じような発展した国特有の問題が生じてきています。

中国社会には歪《ひず》みも生まれてきました。中国では住宅価格が高騰、庶民はとても家を手に入れることはできません。深圳や北京などでは住宅を手に入れるには年収の50倍以上必要で実質親が家を保有していない限り、家を購入するのは不可能です。

さらに教育費の高騰が顕著です。中国も発展とともに高学歴が一般化、大学進学率は50％を超えてきています。来年には大学の卒業者数は1000万人を超えてきます。その上、就職状況をみると大学卒業に見合った職業が少なく、多くの大学生が卒業後、仕事に就けない可能性が高いわけです。このような状況のため、社会に閉塞感が生まれています。中国では「経済発展の犠牲になる必要はない」と受験や競争を避ける風潮も広がってきて、家や車を買わずに最低限の生活を送るという「寝そべり主義」が拡散しています。当局はかような怠惰な生き方を煽る風潮を打破したいようですが、あまりに激烈な競争社会と格差の著しい拡大に嫌気をさして人々が無理しないで生き、プレッシャーを避けたい気持ちに変化しているようです。かような社会を覆う雰囲気は中国が高度成長した後に出てきた構造的なものですから、簡単に収まるとも思えません。「寝そべり主義」は若者を中心にさらに広がると思われ、中国全体の活力が低下してくるように思えます。

景況感の悪化と半導体の問題

そして一部民間企業を中心に景況感が悪化しています。商品市況の高騰が経済を直撃し始めています。中国の5月の生産者物価（卸売り物価）ですが、前年同月比で9・0％という13年ぶりの大きな高騰となりました。一方で消費者物価は前年同月比で1・3％の上昇に収まっています。さらに翌6月の生産者物価は8・8％の上昇、同じく消費者物価は1・1％の上昇となっています。普通川上の生産者物価がこれだけ大きく上昇すれば、川下の消費者物価もそれなりに上昇するものですが、これが上がってきません。

実はこれにはからくりがあって、生産者物価高騰の影響を、消費者物価高騰に結びつかないように〝中国当局の働きかけ〟があるのです。中国では民間の中小企業が多いのですが、これらは川下の小売り企業であって本来は仕入れである生産者物価の上昇（今回は石油や銅や鉄鉱石など資源価格の上昇が著しいのですが）、これを当局が強引に抑えようと厳しく介入してきているわけです。5月、6月の時点では共産党100年の行事前ということもあったのでしょうが、当局は資源価格の高騰を抑えるために徹底的な「価格抑制策」を講じているのです。投機的な取引を厳しく監督、値上げも極力凍結するように指導しています。これら当局の必死の政策が功を奏して一時的に資源価格は下がりました。しかしながら皮肉なことに、ここにきて資源価格は再び上昇の気配です。今回の資源価格高騰を価格に転嫁できず、中国の製造業の4分の1は赤字状態と言われています。資源価格の先行きは不透明で、中小企業をめぐる情勢は再び問題となってきそうです。

さらに米国によって仕掛けられた半導体の問題も深刻化してきています。米国による先端半導体の禁輸措置をうけて、中国は国を挙げて半導体の国産化にまい進しているところです。現在の中国の発展の勢いを考えれば中国でもいつの日か国産の半導体メーカーが現れるのではと思うかもしれませんが、ことはそんなに簡単ではありません。2019年の中国の半導体自給率は16％ですが、この比率は現在でもほとんど変わりません。中国で使われる半導体の大半は依然海外に頼るしかないのが実態です。中国政府は大号令をかけて半導体の国産化を主導しました。結果７万１０００社もの企業が名乗りを挙げて半導体作りに奔走したのですが、そのほとんどは事業が立ち上がる前にとん挫《ざ》、他の会社も経営難に陥るケースが相次いでいるのです。あの清華大学から生まれた中国の半導体国産化の中心となっていくと思われた「紫光《しこう》集団」さえデフォルトする有様です。そもそも意外に中国企業は技術力がありません。自動車産業をみてもあれだけ国が電気自動車（ＥＶ）に力を入れているのに、世界に通用するメーカーは依然１つもありません。他の製造業でも中国企業で世界に覇を唱える企業は出てきていません。通信機のファーウェイだけは別としても、そのファーウェイは米国から厳しい制裁を受けていますし、ＩＴ企業の雄であるアリババやテンセントは中国当局から睨まれ規制を強化されている最中です。ちなみにファーウェイの今年1-3月の欧州でのスマホの出荷は前年同期比で81%減と惨憺たることになっています。明らかに米国の制裁が効いています。

最終的に中国の大きな汚点となりそうなのが、武漢ウイルス研究所からのコロナウイルスの流出問題です。バイデン大統領は5月26日情報機関に対して「90日以内に詳細な結果を報告するように」と言っています。さらに大統領補佐官のサリバン氏は最近ＦＯＸニュースのインタビューに答えて「中国がコロナウイルスの起源に関するさらなる調査に応じない場合、国際社会での孤立に直面するだろう」と述べています。これは脅しではなく、米国側はコロナウイルスが武漢ウイルス研究所から流出した決定的な証拠をつかんでいると思います。ネット上で噂されている中国高官の米国への亡命話（中国国家情報局のナンバー2董経緯《とうけいい》氏が武漢ウイルス研究所からウイルスが流出した証拠を持って亡命）は真実と思います。これが世に出た場合、中国はかつてない窮地に陥ると思われます。いずれにしても100周年は中国共産党にとって節目ですが、その節目は大きな試練の始まりになるように思えてなりません。

ネット企業締め付け強化に走る中国政府

「中国企業の海外上場の規制を強化する」

2021年7月6日、中国政府は青天の霹靂《へきれき》のごとく、いきなり中国企業に対して規制強化の方針を発表しました。6月30日、やっと米国市場で上場にこぎつけた中国の配車アプリの雄、滴滴出行（ディディ）は時価総額670億ドル、日本円にして7兆3700億円を超える大型上場となり、市場は久々の大物上場に沸き立っていたのです。中国政府の突如の発表は市場に強烈な冷水を浴びせることとなりました。上場したばかりのディディ株は暴落。2日間で一気に30％以上も下げ、公募価格も大きく割り込み多くの投資家を失望させることとなったのです。こんなことなら中国政府はディディが上場する前に方針を発表してほしいところ。資本市場のルールや投資家無視の姿勢は「やっぱり中国か」ということで、中国政府が行うことは民主国家や資本市場の常識とは逸脱しているようです。しかしながらディディは国を代表する成功企業であり、中国企業が世界に羽ばたくのは政府にとって誇らしいことではないのでしょうか？なぜ中国政府は世界の投資家を遠ざけるような行為をあえて行うのでしょうか？

中国政府は昨年アリババの子会社アント・グループを上場直前に上場延期に追い込みました。これも時価総額30兆円と言われた超ビッグイベントでした。かような規制や突如の上場延期行為を行えば、ただでさえ世界の投資家に警戒されている中国企業に対して積極的に投資する投資家は、ますます少なくなっていくでしょう。それでも中国政府はいいのでしょうか？実際、このハプニングによってディディだけでなく多くの中国企業の株式が急落する羽目となったのです。アント・グループ上場延期から始まった政府の方針転換によって中国を代表する企業の人気は暴落状態。米国や香港に上場する中国企業の時価総額は昨年末からアント・グループを含めれば100兆円以上吹っ飛んでいます。かようなことが本当に中国にとって利益となるのでしょうか？　中国政府の真の狙いと今後の行方を考えてみます。

「プラットフォーム経済は重要な時期を迎えている。健全に発展させるためには『現在抱えている問題』を解決しなければならない」

習近平主席は3月の会議でプラットフォーム企業の抱えている問題について言及しています。

中国では習近平主席の言葉は極めて重要で、かような発言が報道されるということは、中国政府が方針を打ち出す前触れと言えるでしょう。しかしながらプラットフォーム企業が『現在抱えている問題』とは何でしょうか？

　これについては単純に考えたほうがわかりやすいかもしれません。現在世界中で問題になっているのはプラットフォーム企業、いわゆるグーグル、アップル、フェイスブック、アマゾン、マイクロソフトなど、いわゆるＧＡＦＡＭ《ガファム》と呼ばれるプラットフォームを独占する企業が大きな富を独り占めしつつある現状です。これら巨大なプラットフォーム企業はわれわれ個々人のデータを膨大に集めてそれを巧みに利用、様々なビジネスを展開、利益を独占しつつあるわけです。これらプラットフォームはあまりに便利なので、われわれはグーグルを使って無料で検索し、アップルのスマホを１日中手にして情報を集め、フェイスブックで友人間のコミュニケーションを行い、アマゾンで買い物をします。これらの行為は誰でも日常化しつつあります。

　これによりグーグルは検索結果からわれわれ１人１人がどのようなことに興味を持つかを知り、アップルのスマホにおいても何を好み、どのようなことを日常的に行っているのかを知りえます。さらにどこに現在いてどこに移動するのか、われわれの日常の流れを知り、フェイスブックでは友人関係や好みを知り、そしてアマゾンで買い物をすることで、われわれがどのようなものを購入するのかを知るわけです。いわばこれらプラットフォーム企業はわれわれの日常の積み重ねを知り抜いて、われわれ以上にわれわれのことを知っている状況となってきています。無料でできるという便利さに誘われて、いつの間にかわれわれはプラットフォーム企業にすべてを知られているかのようです。

このような流れを評して「データの重要性」が叫ばれるようになってきました。20世紀は「石油の時代」でしたが、21世紀は「データの時代」です。データを制した者はすべてを制すると言われ、現在世界中の人々が〝GAFAMの支配下〟に暮らしているような感触を持ちます。われわれ誰もがGAFAMに一挙手一投足が知られているようです。こうなっては誰もが「丸裸状態」です。データを知る者はわれわれの好みも行動も、おそらく金銭状況や隠しておきたい秘密まで知るようになるでしょうから、彼らにかかれば、われわれはまるで網に掛かった魚のように自由自在に操られてしまうかもしれません。

ですからデータは、われわれ1人1人が彼らプラットフォーム企業から取り戻して、自らの物にしなければならないという議論が世界中で沸騰しているわけです。「データを勝手に使うな」「データを金儲けの道具にするな」という叫びです。「データはもともと個々人のモノなのだから、データを持ち主である個々人に返せ」という声です。このように「データを独占し勝手に使うこと」がプラットフォーム企業における『問題』であり、これは国体を問わず万国共通の問題と思えます。

ところが中国のような独裁国家は少し違う視点からこの問題を捉えます。それは民主主義国家の場合「データは個々人のモノだから個々人に返せ」となるわけですが、中国のような独裁国家においては「データは国を統治する中国共産党のモノであるのだから、プラットフォーム企業はデータを中国共産党に返せ」という理屈になるわけです。

中国共産党からすれば、中国のプラットフォーム企業、アリババもテンセントもJDドットコムも今回上場を果たしたディディも「中国共産党があってこそ存在し発展できた」という大前提があるわけです。

例えばアリババにしてもテンセントにしても、中国市場を独占できたのは中国共産党のバックアップがあったからです。本来であれば、ネットで先行したグーグルやフェイスブックが中国市場をいち早く席巻してもおかしくなかったわけです。ところが中国政府はグーグルやフェイスブックを中国国内から追い出しました。アリババもテンセントも強力なライバルが消えたところで、中国国内での競争だけに没頭すれば良かったわけです。結果アリババとテンセントは14億人という巨大な人口をバックにした中国市場で勝利者となりました。14億人の規模を持つプラットフォーム企業となれば、そのデータの膨大さと規模の力から世界の競争に打って出る、ないしは競争に打ち勝つ体制ができるのも当然でしょう。かようにアリババもテンセントも中国共産党の庇護《ひご》の下、著しい発展を遂げることができたというわけでしょう。

ジャック・マーの暴言とも取られる正論

ところがそのアリババが共産党に対しての恩を忘れて、傲慢《ごうまん》になってきたというわけです。これが昨年10月24日、上海でのジャック・マー（＝馬雲、アリババのトップ）のスピーチにはっきり表れてきたわけです。

当時のジャック・マーの問題のスピーチを振り返ってみましょう。彼は共産党の上級幹部を前にして強烈に言いたいことを言いました。

「良いイノベーションは管理監督を恐れません。ただ過去のやり方で管理監督されることを恐れます。鉄道の駅を管理監督する方法で、空港を管理監督することはできません。昨日のやり方で未来の管理監督をすることはできないのです」

この規制当局に対する不満は〝ジャック・マーの本音〟であり、どうしても言いたいことだったのでしょう。中国共産党当局は様々な規制を課してきますが、彼のように最先端を行こうとしている経営者からすれば、共産党の管理監督は時代の速さに追いついていないということです。共産党の管理監督は「まるで空港の管理を鉄道の管理と同じような感覚で行おうとしている、それは時代の変化や現場がわかっていないからだ」「監督当局がしっかり時代を見据えて、その時代を捉えた管理監督をしてもらわないと困る」ということです。いわば共産党における管理監督手法は時代遅れであり、彼らの考えは硬直的で石頭であるということでしょう。

時代の先端を行くネット企業のトップがかような意識を持つことはわかりますし、そのように時代の流れを誰よりも早く感じられるからこそアリババを世界的な会社に発展させることができたのだと思います。

しかしながらそれが理にかなっていて正論だとしても、共産党幹部の前で堂々と発言したことはまずかったのではないでしょうか。中国では共産党が一番偉く、共産党幹部に対しては平身低頭で物を言う必要があったと思われます。いわばジャック・マーが水面下で共産党幹部に対して管理監督の時代遅れの傾向をやんわりと指摘するならいいですが、堂々と多くの中国人が注目している一大イベントで共産党幹部を時代遅れ呼ばわりしてしまったわけです。これでは共産党幹部のメンツがつぶれ、まずかったと思います。ジャック・マーとしては積もりに積もった規制当局や時代遅れの共産党幹部に対してうっ憤を晴らしたく、何としても公の場ではっきり言いたかったのでしょう。しかしこれでは共産党幹部が怒るのも当然だったと思われます。

さらにジャック・マーは続けて「今の銀行は質屋的なメンタリティを持ち続けています。抵当と担保こそが質屋のやり方です。中国の金融の質屋的メンタリティは非常に深刻であり、多くの起業家に悪影響を与えていることがわかりました」と既存の銀行をこきおろしました。これはひいては共産党当局の銀行行政への批判でもあります。確かにアリババの作ったアント・グループはわずか3秒で融資を決定し、不良債権比率が銀行融資の半分以下というのですからその実力は秀でています。ジャック・マーが「抵当や担保にばかり頼って本物の起業家を峻別《しゅんべつ》できない」と銀行を批判するのもわかります。時代遅れの金融行政を転換してほしいと願うのも、ジャック・マーが真に中国経済を発展させたいと願うからでしょう。彼からすれば共産党の従来の政策を叩き壊して新しい価値観を作らせる必要があるということでしょう。それがひいては共産党、そして中国全体の発展につながっていくという考えだと思います。これも正論だと思いますが、やはり共産党幹部にとっては、あまりにはっきりと堂々と物を言われ、耐え難いことだったと思われます。

一連の流れを聞いた習近平は激怒して、一夜にしてアント・グループは上場延期に追い込まれたというわけです。習近平は何を怒ったのでしょうか？　当然共産党の権威失墜に対して怒ったのでしょうが、原因はどこにあったのか？　その根っこを取り去る必要があると考えたことでしょう。その根っことは何でしょうか？　ジャック・マーが共産党幹部を前に堂々と自らの正論を述べられたのは共産党が怖くないからです。ないしは共産党幹部より、ジャック・マー自身のほうが本当の力を持っていると感じているからでしょう。

実際、名ばかりの「共産党幹部でございます」と偉ぶっている連中よりもジャック・マーのほうが大きな力を持っていたわけです。これは彼が世界に冠たる富豪ということだけでなく、アリババという会社を通じて中国全体の購買力や個々人の信用力や、物を販売するツールなどあらゆる実質的な力を持つようになったわけです。共産党幹部は自らが偉いと称していても実質ジャック・マーのほうが様々な力を持っていたことは明白です。共産党の序列よりも、ジャック・マーは本当の実力を持っているわけです。まさにアリババやアント・グループを通じて培ってきた、中国14億人の様々な個人データをベースとして何でもできる体制を作り上げてきたわけです。

日本の江戸時代、士農工商といって武士が一番偉く、商人は最低の身分でした。ところが経済が栄えるようになると、商人のほうが経済力から多大な力を有するようになります。そのような時に自らが武士だと叫んでも誰も相手にしないでしょう。それを同じく中国国民全体のデータを知り尽くして様々なビジネスが展開できるジャック・マーが中国国内において実質、想像を超える力を持ってきたわけです。これに気づき、このような実態は看過できないと習近平はじめ共産党幹部は気づいたということでしょう。中国では共産党を超える存在はいてはならないのです。

そしてこの問題は単にジャック・マーという特異な個人の問題でなく、プラットフォーム企業がデータを独占している、その恩恵を一気に受けて利用しているという事実にあります。そこにこそメスを入れる必要があると、習近平はじめ共産党幹部が気づいたわけです。ですからこの問題は単にジャック・マー個人やアリババだけを標的にする問題でなく、プラットフォーム企業全般に対して徹底的に締め付けて、データをそれら企業から共産党のもとに取り戻していく必要があると方針転換したものと思われます。こうして中国共産党は2021年に入って次々とプラットフォーム企業に圧力をかけ続け、ついには米国市場に上場したディディにも圧力をかけてきたということでしょう。

こうすれば中国共産党は力を取り戻すことができ、権威を奪還することができるでしょう。現に多くの中国企業は手のひらを返すかのように国に媚《こび》を売るようになりました。従来に比べて露骨に「国への貢献」を強調、前面に出すようになりました。そして「共産党創立100年おめでとう」のメッセージも多くのIT企業から発せられました。

しかしながらデータを取り上げられて中国のIT企業はその後どうやって儲けていくのでしょうか？　ジャック・マーは姿をくらましていますが何を考え、どこにいるのでしょうか？すでに多くの中国企業が米国上場をあきらめたと宣言し始めています。TikTok運営で世界を席巻して一大ブームを引き起こした中国のテック企業バイトダンスもついに米国上場を断念したということです。バイトダンスは売上3兆円、営業利益7000億円を叩き出す〝中国企業の新星〟でした。このバイトダンスを率いたカリスマ経営者はわずか38歳という若さでＣＥＯを退任しました。中国ではＩＴ企業創業者の退任が相次いでいるようです。

確かに今回の一連の流れの中で習近平も共産党も権力の維持には成功しつつあるようです。しかしながらあまりに露骨な共産党による企業への過度な介入は中国経済の活力を削《そ》ぐでしょう。徐々に中国経済は勢いを失っていき、イノベーションが著しく停滞し始めるでしょう。中国共産党は、その活力の源泉であった経済成長の力を失い、裸の王様に近づくように思えます。

デジタル通貨　米中の攻防

「中央銀行デジタル通貨（ＣＢＤＣ）を進めるかどうか、またどのように進めるか。いかなる場合でもその前に幅広い声に耳を傾けることを約束する」

２０２１年５月20日、ＦＲＢのパウエル議長はビデオメッセージを公表しました。ＦＲＢとしてデジタルドルの発行を視野に入れて、それに関連する様々な論点を今夏に公表するということです。いよいよドルのデジタル化という世界の通貨市場を激変させる動きが現実化してきました。中央銀行デジタル通貨、ＣＢＤＣとは文字通り、ＣＢ（セントラルバンク）、ＤＣ（デジタルカレンシー）をつなげた言葉であり、中央銀行が紙幣でなくデジタル化された通貨を発行するということです。これは何も米国のドルに限ったことではありません。中国においてはデジタル人民元ですし、ユーロ圏においてはデジタルユーロですし、日本においても日銀がデジタル円を発行する流れです。

かように日米欧や中国だけでなく新興国を含めた世界各国の中央銀行がデジタル通貨を発行する構えをみせてきています。長い人類の歴史の中で通貨の形態がこれほど劇的に変わる局面はありませんでした。当然今回の出来事は現在の世界の勢力図を大きく変化させる可能性があります。米国によるドル支配の終焉をもたらす可能性もありますし、中国のデジタル人民元の影響力が格段に広がる可能性もあります。

一方で発展途上国においても自らの中央銀行がデジタル通貨を発行することで、自国経済への影響力を高める可能性もあるでしょう。一連の動きで世界はどのように変わるのでしょうか？　米国はドルによる通貨覇権を維持できるでしょうか？　中国が目指すものは何でしょうか？　すでに米中を軸に水面下で激しい攻防が繰り広げられている状態です。通貨をめぐる一連の流れを追ってみます。

米国FRBは今夏デジタルドルの実現化に向けた具体的な工程表を発表することとなるでしょうが、好んで進めているわけではありません。米国は現在の世界における「ドルだけが世界で通用する」という一極体制は居心地がいいはずです。世界は事実上、米ドルに席巻されているわけですから、米国としては現在のように米ドル現物の流通を主流とした〝通貨体制の継続〟を望んでいることは明らかです。ですから通貨のデジタル化に対して様々な話が出てきても、米国当局は一貫してその発行に関して消極姿勢を貫いてきました。日本も欧州などもそれに追随してきました。しかしながら時代の変化がそれを許さなくなってきたわけです。

フェイスブックがアドバルーンをあげたリブラ構想、すでに全世界で流通、人気化しているビットコインをはじめとする暗号資産の爆発的な広がりがありました。しかしそれら民間の動きよりも、米国が特に恐れるのが、中国政府によるデジタル人民元の発行計画が具体化してきたことです。中国政府は2022年、北京で開催される冬季オリンピックまでにデジタル人民元の発行を実現すると明言しています。米国としてはこれを先に許して、世界において中国の人民元だけがデジタル通貨として流通するというような事態を許すわけにはいきません。何としてもデジタル人民元が発行される前後にデジタルドルも世界に流通させなければならないでしょう。とにかくデジタル通貨は使い勝手がいい。スイカなど電子マネーを使った人はわかるでしょうが、便利で簡単、現金を持つ必要もなく、利便性がまったく違います。一度デジタル通貨を使い始めると、どうしてもその便利さから使い続けることとなるのが普通でしょう。ですから中国が世界に先駆けてデジタル人民元を発行する行為は、ドル体制の本家である米国にとって看過できないことと思います。

ではデジタル人民元が発行されると中国当局の思惑通り、一気に世界に広がっていくのでしょうか？　そうは簡単にはいきません。人民元に人気がないのは、それなりの理由があるからです。中国は世界第2のGDPを叩き出す大国ですが、その通貨である人民元は世界の為替市場において2％のシェアしかないのです。世界において、ほとんどの貿易決済は米ドルで行われています。中国の人民元は使い勝手が悪すぎるからです。人民元は為替市場で自由に流通していませんし、中国では強い資本規制を行っています。海外の投資家がいくら人民元を保有していても、中国の株式や債券を自由に買えるわけでもなく、また売却しても自由に国外に持ち出せるとも限りません。とにかくお金ですから自由に使えないのでは話になりません。ですから貿易決済においても、どの国もどの企業も人民元は使いたくないのです。この状態はデジタル人民元になっても変わるものではないでしょう。中国が真に人民元の世界的流通を目指すのであれば、人民元を米ドルのように〝自由に使える通貨〟にしなければなりません。これが中国当局にとって頭の痛いところです。

個別撃破を目指す中国の戦略

中国は今まで世界における米国のドル体制の中にあって、その恩恵を十二分に受けてきました。しかしながら昨今は米中の対立が激化してきて、米中の覇権争いの様相を呈してきています。中国の経済的な発展は著しく、このペースで行けば、GDPにおいて米中の逆転が2030年以前に起こるという見方が強くなってきているのです。米中は宿命の対立関係にあって、お互い譲ることのできない状況になりつつあります。中国は当然、米国を凌駕して世界の覇権を握りたいのですが、その中国が米ドルに依存する体制に甘んじるわけにはいかないでしょう。中国は最終的には自らの通貨である人民元の世界的な流通を目指すしかありません。そのためには人民元の自由化は避けて通れない道だと思われます。

しかしそれを近い将来に行えば、逆に中国からの資本流出が止まらなくなる可能性もあります。人民元の流通エリアを広げるのはいいことですが、そうなった場合、人民元の相場をコントロールするのが至難のわざとなるでしょう。かように人民元の流通の拡大は、中国にとって「痛し痒《かゆ》し」というところもあります。

ですから中国としては段階を踏んでいくことでしょう。中国はデジタル人民元を実験的に導入して、例えば一帯一路で中国が強い影響力を持つような国々からデジタル人民元を使用してもらう形を取るでしょう。アジアにおいてもカンボジアやラオスのように完全に中国にべったりの国もあります。

さらに中国は今回のコロナのパンデミックを契機として、発展途上国をはじめとしてワクチン供与を積極的に行い影響力の拡大を目指しています。アフリカにおいても中東においても中国は自らの勢力圏を拡大しようとしています。中国はこれら一国一国の通信インフラを整備、ワクチンを供与、さらにデジタル人民元を使ってもらうことで、中国は各個撃破で自らの勢力圏を拡大させていく腹づもりと思われます。場合によって中国は援助や貿易上のメリットなどもデジタル人民元を使うことを条件として、自らの影響力の拡大を目指す可能性もあるでしょう。

現在中国のコロナワクチンを使用している国も多く、中東やアジアでも中国と関係を深めるケースも出てきています。2月24日、中国人民銀行は香港やタイ、UAE（アラブ首長国連邦）とともにデジタル通貨の共同研究を始めると発表しています。UAEは前述のように中東では伝統的な親米国です。そのUAEにおいて中国製のワクチンの3回目の接種が始まることとなりました。さらにUAEは中国製のワクチンの製造拠点となるというのです。そしてUAEは通信ではファーウェイの5Gの技術を使用することを決めています。かような中国の親米国に対してのアプローチは強烈です。サウジアラビアなどもUAEに続く可能性もあります。かような流れが拡大すると米国はうかうかしていられません。

というのも仮にかような国々が通信インフラとともに、中国のデジタル人民元を使うようになれば、米国にとっては一大事です。単にドルが使われなくなるということに留まらず、かような動きが全世界的に拡大すれば、当然のことながらドルが余ってしまう事態が起きかねません。そうなれば世界におけるドルの過剰流通からドル暴落が起きる可能性も否定できなくなります。今のところ、そのような事態が近い将来に起こるとは思えませんが、デジタル人民元が予想以上の勢いで新興国を中心に拡大していて予断は許しません。

さらに新興国の中央銀行によるデジタル通貨発行による通貨面での自立が続出する可能性もあります。例えばカンボジアなどでは自国の中央銀行が発行するデジタル通貨「バコン」が広く流通し始めています。今までカンボジアの預金の8割まではドルで保有されていたのに、カンボジアが国家としてデジタル通貨を発行し始めたことで状況が変わりつつあるようです。そもそもカンボジアのような発展途上国は銀行など金融インフラが整っていないので、国民の多くは銀行口座を持っていません。ところが対照的に国民の携帯電話の普及率は150%に上っているのです。勢いこうした発展途上国ではデジタル通貨の拡散、広がりは早いのです。こうして新興国の一部で従来広く使われていた米ドルから自国が発行するデジタル通貨への転換が起こる可能性もあります。かようにみていくと通貨のデジタル化は米ドルにとっては難敵で、米ドルはデジタル化の波で厳しい状況を迎える可能性も否定できません。

一方で中国はとにもかくにもデジタル人民元の世界的な普及を目指すことでしょう。中国はそもそも日米欧など先進国におけるデジタル人民元の普及はさほど期待していないかもしれません。中国としては自らの懐であるアジア全域や一帯一路で関わる新興国を中心としたエリアでデジタル人民元を使用する経済圏を構築できれば十分と考えているかもしれません。米国との対立は避けがたいわけですから、自国の影響力の及ぶ範囲をできるだけ広げる目論見《もくろみ》でしょう。

こうして中国は着々とデジタル人民元の発行に備えて布石を打ちつつあるように思えます。2020年10月、中国当局は広東省深圳《しんせん》でデジタル人民元の普及実験を開始しました。次いで12月には江蘇省蘇州で10万人を対象にさらに大規模な実証実験を行ってきたのです。最初の段階では抽選で当たった人だけが使えるシステムで、金額も当局が配布した1人当たり200元（約3400円）と少額でした。ところが今春から実験を行っている地域であれば誰でも「デジタル財布」を作れるようになったのです。中国工商銀行など大手行の口座があれば、アプリで数分のうちに開設できるようになりました。自らの銀行口座にある人民元をデジタル人民元に振り替えできるようになったのです。

そして当局はこの実験地域を次々と拡大させています。深圳、蘇州に続き現在では約10の地域が実証実験に着手しているのです。こうして現在では個人が開いた「デジタル財布」は2087万超に達しています。さらに法人の「デジタル財布」も351万件に達してきたのです。完全に本格化の一歩手前の状態です。現在10の地域で行っている実証実験を当局はさらに

28の地域に拡大すると発表しています。これにともなって1回の支払いに使える上限額を引き上げてきています。各利用者の信用状況によるようですが、信用力のある個人や法人の上限額が無制限にまで拡大されているのです。こうなれば実質、実験地域においては完全導入されたと同じです。

当然デジタル人民元が使える範囲も飛躍的に拡大させています。例えば地下鉄を利用する場合です。毎日1000万人が利用する北京の地下鉄での利用も開始されています。

2022年に開催される北京オリンピックにおいて大量の観光客が訪れた場合、彼らも自動的にデジタル人民元を使用することになるかもしれません。こうなると中国を訪れた人は皆、自動的にデジタル人民元を保有することとなり、誰でも中国政府の監視下に置かれるようになっていくのでしょうか。

暗号資産を規制してデジタル人民元を普及

いずれにしてもデジタル人民元の国際的な展開は中国当局の究極の狙いでしょうから、北京オリンピックでの海外からの観光客については、彼らにデジタル人民元を使ってもらうことで格好の実験の機会となることでしょう。

そして一方、中国当局はデジタル人民元普及の障害となるものについては取り除いていく方針です。先日中国当局はビットコインをはじめとする暗号資産の規制を強化することを発表しました。中国当局は金融機関や決済企業が暗号資産関連の業務を行うことを全面禁止としたのです。こうして中国においては金融機関が暗号資産を受け入れたり、支払い決済に利用したりすることはできなくなりました。さらに金融機関は暗号資産を人民元や海外通貨と交換するサービスもできなくなったのです。こうして中国においては暗号資産の流通は実質不可能になりつつあります。これはデジタル人民元を発行、そして広く普及させるための前準備と思います。

さらに中国はアリババやテンセントなどIT企業の締め付けを強めています。中国当局は2020年11月、アリババ傘下のアント・グループの上場を延期に追い込みました。その後IT企業の膨張を抑え、締め付け始めたのです。現在中国の電子決済のシェアをみると、アリババ傘下のアリペイが55%、テンセント傘下のウィーチャットペイが39%と、この2社で寡占状態となっています。これらIT企業の力が強くなりすぎたので、国有銀行を中心とする従来型の金融機関は厳しい状況下に置かれるようになったのです。このままIT企業の膨張を見過ごせば、既存の金融機関の存続すら危うくなる可能性もありました。そこで中国当局は大胆な政策転換を行ったものと思います。今まで自由に泳がせてきたIT大手の権益を奪い取り、それらが集めてきたデータや構築してきたシステムを〝共産党自らの支配下〟に組み込もうということでしょう。

しかしながらＩＴ大手の権益を露骨に奪取するわけにもいきません。またここまで巨大な影響力を持ち始めたＩＴ企業の力を一気に削ぐようなことを行っては社会全体の混乱を招いてしまいます。すでにＩＴ大手によって確立された全国的なほとんどのビジネスでのスマホ決済は中国の生活インフラになっています。ですから中国当局は決済機能の中核としてデジタル人民元を普及させるものと思います。こうしてデジタル人民元を普及させることによってアリペイ、ウィーチャットペイの力を徐々に削ぎ、２社の寡占体制を変えていこうということでしょう。こうして両社からデジタル人民元を統括する中国人民銀行がほとんどの決済シェアを奪うことができれば（徐々にそのように誘導する）、中国当局は資金の流れを１００％知ることができるようになります。そうなれば中国全体の実体経済を当局が完全に監視・把握でき、最終的に管理できるというものです。かような姿がいいのか悪いのかはわかりませんが、デジタル人民元を広く普及させることは、中国当局がすべての資金の流れを知ることとなっていくわけです。これこそ中国当局が究極的に求めていることでしょう。さらに海外にデジタル人民元を拡散させれば、ファーウェイの通信機能に乗ってあらゆる取引を把握できるようになります。これこそ中国当局が目指すところでしょう。

現在の国際的な送金システムは国際銀行間通信協会（ＳＷＩＦＴ《スウィフト》）を通じて送金されます。

この場合、外貨は米ドルに交換されています。ここでは取引の詳細は米国当局にすべて把握されていると考えておくべきでしょう。これに対抗して中国は2015年独自の銀行間決済システム（CIPS《シップス》）を立ち上げました。ここでは人民元建て決済が行われています。中国としてはデジタル人民元の普及を通じてCIPSの利用の拡大を図りたいところでしょう。

一方、現在のデジタル通貨の国際的な使用については当然ながらハードルがあるところです。国際決済銀行（BIS）はデジタル通貨の国境をまたぐ取引について新たな報告書をまとめました。現在のところデジタル通貨自体は国境を越えた取引では使われていません。中央銀行としてデジタル通貨を正式に発行しているのは先に書いたカンボジアの「バコン」とバハマの「サンドドル」だけで、これらは国境を越えた取引には使っていません。将来的にデジタル人民元やデジタルドル、デジタルユーロ、ないしはデジタル円が出現した場合、当然国境をまたぐ取引をどうするのかとの議論が出てくるわけです。デジタル人民元とデジタルドルの互換性がなければ、国際取引に使いようもありません。よってBISは各地のデジタル通貨を結びつける手段として、

1．1つのプラットフォームで動く〈統合型〉
2．デジタル通貨同士を共通の決済システムでつなぐ〈連結型〉
3．技術や規制上の基準をそろえる〈互換型〉

という3つの案を提示しています。世界を1つのプラットフォームで連結できれば便利でしょうが、現実は米中はじめ利害関係が複雑に絡み合うので無理でしょう。連結型であれば可能性はあるかもしれません。これについては日米欧の民主主義陣営であれば統一できるかもしれません。ただし中国が入ってくると議論が複雑化して収拾がつくかどうか疑問です。すでにこの問題について日銀は「中央銀行デジタル通貨同士が安全に交換できるよう、標準化を通じた相互運用性や信頼性の確保の検討を進めることは有用」と述べています。FRBとしては当然ドルの覇権体制を絶対的に守りたい立場ですから、仮に中央銀行デジタル通貨の国際基準ができるのであれば、その作り方に最初から関与し米国が主導権を持つことが重要という立場でしょう。FRBも本音では中央銀行デジタル通貨の発行はやりたくないでしょうが、中国のデジタル人民元に続いて、ユーロ圏においてもデジタルユーロの発行が日程に上ってきている状況です。時代の流れをみれば、もはやFRBとしてもデジタルドル発行という命題から逃れることはできないと覚悟していると思います。

7月14日、ECB（欧州中央銀行）はFRBの先手を打ってデジタルユーロの発行準備に取り掛かることを宣言しました。この日ECBのラガルド総裁は「ギアを上げ、デジタルユーロプロジェクトを開始する」と明言したのです。ECBはここから2年間の調査期間に入り、使い勝手を高めながら、金融システムにいかに悪影響を与えないか確認してデジタルユーロの設計を進めるということです。もちろんマネーロンダリング（資金洗浄）などの違法行為を完全に防ぐ手法を確立させることが重要で、そのあたりはしっかり設計してくることでしょう。

ＥＣＢの現在の予定ですと２０２６年以降、正式にデジタルユーロを発行するということです。

いずれにしてもデジタルドルもデジタル人民元も発行が近づいていると思われます。この動向とその後の展開は米中両者の覇権争いの帰趨《きすう》を決めていくことでしょう。

エリート主義の共産主義へ先祖返り？

「資本に乗っ取られていた教育セクターを見直す！」中国政府は小中学生に対する学習塾に対して、驚愕の規制を発表しました。なんと「学習塾は非営利にしなければならない」として「金銭的な儲けを目指して学習塾を開くことはまかりならん」と言うのです。中国政府は学習塾設立について、これまでの届出制を廃止、今後は小中学生向けの学習塾は「許可制」とし、実質新しい学習塾は設立できなくなったのです。これによって中国の教育関連の企業の株式は軒並み大暴落、新東方教育科技集団は株価が一気に10分の1にまで下がったのです。他の教育関連の企業も同じような状況です。何しろ教育にまつわる営利企業は存続させない方針なのですから、当然の大暴落かもしれません。

中国政府は国として一気に国民の教育熱を冷まそうとしています。「小中学生は勉強ばかりするな、宿題もたくさん出してはならない！」とし、仮に宿題を出す場合は「宿題の目安として、小学1、2年生は書式の宿題を出してはならない。小学3年生から6年生については1日1時間程度の宿題、そして中学生については1日1時間半程度の宿題を目安として、それを超えるような宿題を出してはならない」と言うのです。小中学生にとっては夢のような話ではないでしょうか。代わりに「小中学生はスポーツや読書、文化活動に励め！」と言うのです。これは英断のような気がします。私も子どもの頃勉強が大嫌いだったので、宿題にうんざりしていた思い出があります。小中学生の頃は多感な時期ですから、やはり友達と遊ぶことも重要であり、クラブ活動などで、体を鍛えることも大事なことと思います。

そのようなことを国が奨励するというより強制するのですから、中国という国は驚きです。日本でも現在の小中学生に対しての過剰な教育熱は問題になってきています。有名私立中学への受験のため、小学生から受験勉強に必死になる姿には「子どもの頃、こんなことでいいのだろうか」と異様さを感じます。かような必要以上の教育熱を中国では「国家の指導としてやめさせる」というのですから、中国共産党の政策は大胆きわまりないように思えます。

しかしながら一歩引いて考えてみると、勉強嫌いだった自分はこんな政策で小中学生時代やってくれれば嬉しかったろうと思いつつも、かようなことを国家が強制するという、中国政府の強硬な方針にも違和感をもちます。そもそも教育熱がこれだけ激しくなったのも社会を映しての結果です。「学歴によって各々の人生に大きな差がつき、格差がひどくなっている。それが社会全体で許容できないところまできている」という現実を反映しているからこそ、異様なまでの教育熱が生じてきているわけです。親の立場からすれば自分の子どもの将来を考えて、少しでもいい学校に入れて、将来少しでもいい職業についてもらい、苦労しないで幸せな生活を送ってほしい。そのために学歴社会である中国社会において少しでもいい学校に入れたい。そして親としてお金を使ってもいい塾に通わせて、わが子の将来を輝けるものにしてあげたいと望むのは当然でしょう。「親の心子知らず」と言いますが、親が勉強しろとうるさく言うのも子どものことを考えて言っていることであり、その延長上として塾通いがあるわけです。それを国家が「そのような教育のための塾は開いてはならない」というのです。では親たちはどうやってわが子の将来を考えてやればいいのでしょうか。

一見するともっともな政策にもみえる「異様な教育熱を冷ませ」という中国政府の驚愕の方針ですが、実はその裏には中国国内で生じている多くの矛盾を是正させるための「隠れた意図」が透けてみえてくるのです。

隠れた意図とは何でしょうか？　それは現在の中国社会にとって「高学歴の人材は多数いらない」という冷然とした現実から生じています。ですから中国政府は「みんなして大学なんか行くな！」と言いたいのです。

これは中国だけではないかもしれません。現在の社会は一部のエリートだけが存在して、他の人たちはいわば単純労働だけでもいいという一面があるわけです。例えば現在世界を席巻しているGAFA、グーグル、アップル、フェイスブック、アマゾンなど巨大企業において、多くの労働者は必要とされていません。一部の極めて優秀な人材だけがこれら企業では必要であり、彼らだけに高収入を与えて新しい革新的な知恵を創造してもらえばGAFAは企業として十分なのです。ですからGAFAは巨大な利益を上げ続けているのに、従業員の数はその規模や利益率から考えれば極めて少数ということです。現在の世界の現実は「スーパースター経済」と言われ、勝った者だけがすべてを奪い取る構図となっています。多くの産業において究極的にナンバー1しか生き残れません。結果、社会全体として一部のエリートだけが高収入を得る構図となりつつあるわけです。コロナの波はかような格差をさらに広げることとなりました。

一部のエリートたちは自宅でテレワークをして十分仕事の上でも成果を出せるのですが、半面、単純作業しかできないスキルのない労働者は、人と直接接する対面での仕事しかなく、コロナで仕事ができなくなりました。今後コロナ後の経済の回復時でもいわゆるK字型であり、経済の回復とともに高収入が期待される一部のエリートたちと、一方でスキルがなく対面でしかできない低賃金の仕事という「二極化の構造」は止まらないわけです。これは人においても国においても起こっていることです。これは今の世界の深刻な問題で、世界全体を覆う格差拡大の加速というどうしようもない時代の波なのです。

そこで中国政府はこの現実を受け入れる方法を考えました。「多くの人を大学に行かせて高学歴社会を作り出す」よりは、「単純労働とか工場で働く人材こそ、劇的に増やしていかなければならない」というわけです。実際、中国における異様なまでの高学歴への期待の高まりによって大卒ばかり増えているのに、彼らに与える仕事がないのです。一方で中国では極端な人材不足が生じてきています。足りない人材は製造業で働く工場労働者や介護を担う介護職員、さらに家政婦などです。こういった単純作業を行う人材こそ早急に必要となっているわけで、中国全体としてみれば大学卒などもういらないわけです。ですから中国政府は何としても国民の教育熱を冷まし、国民の大多数を低学歴にもっていきたいのです。そうしないと単純労働者が激減して社会構造がいびつになり、ついには全体がもたなくなるという危機感があるのです。エリートは共産党員の一部だけで十分であり、あとは賃金の低い簡単な単純な仕事をやっていればいいので、まさに中国政府には「隠れた意図」があるわけです。

しかしかような厳しい現実と隠れた意図を公にするわけにはいきません。それで考え出されたのが学歴に対しての格差を表面上なくしていくという政策です。表面上、学歴についての差をなくすのです。

どういうことかと言うと、職業専門学校卒と大学卒を同じ資格、価値とする、という新しい方針です。日本で言うと専門学校卒業と大学卒業とを同じ土俵にあげて、就職やその後の昇進において差をつけてはならないということです。こうなれば専門学校卒業でも大学卒業と社会的な差がなくなるので、多くの学生たちが難しい大学への勉強などあきらめて、職業学校に行くようになり、そして中国政府として決してこれらの差をつけることを許さないという行政指導を行って、実質的に賃金や昇進で差をなくすというわけです。こうすれば工場労働者も大学卒と変わらないわけですから、多くの学生が不要な勉強などせずに、素直に単純労働についてもらえるというわけです。

これこそ「共産主義」であり、学歴で人を差別しない、ともに平等に扱うというわけです。実際中国政府としても早めに異様な教育熱を冷まさせて、社会全体に単純労働者を供給してもらわないと、極端な人手不足となり、社会が立ち行かなくなる可能性があると感じているのでしょう。習近平の目指す「中国の特色ある社会主義」において、格差の是正はどうしても必要なことです。こうして中国では教育行政を抜本的に変えようというのです。中国では子どものころから一生懸命勉強することなどなく、皆が自分の器量にあった仕事を行うこと、そしてそれらの仕事に差をつけないこと、単純労働も喜んで行うことなど社会安定のために新しい政策を打ち出してきたというわけです。

毛沢東時代、文化大革命によって知識人が多く粛清されました。スターリンの恐怖政治においても多くの知識人が粛清されました。もっとも酷かったカンボジアのポルポト政権では少しでも教育のある者は皆殺されました。黙って言うことを聞く人民だけが優遇されたのです。

中国共産党創立１００年の記念式典において、習近平主席は毛沢東と同じく人民服をまとってひな壇に登場しました。まさに中国はかつての毛沢東時代のように「皆貧しく平等に」との夢のような、そして粛清と恐怖政治の時代に戻ろうとしているかのようです。

第4章

脱炭素と資源価格の高騰

バフェットの狙いを見逃すな！

「日本の大手商社の未来に参画することを嬉しく思う」

２０２０年、ウォーレン・バフェット氏はおよそ1年間にわたって秘密裏に日本の商社株を5％保有に至るまで買い続けてきました。そして今後も保有比率が９・９％に達するまで取得し続けることも示唆しました。日本では「万年割安株」として安値に放置され続けてきた商社株を世界一の投資家が大量所得したことに、日本および世界の投資家が驚いたようです。

「割安なので購入した」「米国株が高くなり過ぎたので日本株に目が向かった」「将来のインフレを想定して日本の商社株を買った」あるいは、「バフェット氏の会社バークシャーと日本の商社は経営形態が似ているから相乗効果がある」「ドル安のヘッジのため、米国から見て海外の株式を購入した」など、様々な憶測が流れています。

しかし決定的な意見は見受けられません。多くの人たちはバフェット氏の真意をつかみかねているようです。なぜバフェット氏は商社5社（三菱商事、三井物産、住友商事、伊藤忠、丸紅）を購入したのでしょうか？

それはズバリ、バフェット氏が「商社5社が将来的に驚くような収益を上げ、やがて株価が怒涛のように上昇し始める」と確信しているからです！　キーポイントは「天然ガス、ＬＮＧ（液化天然ガス）」です。バフェット氏は天然ガスや液化したＬＮＧの爆発的な需要拡大と価格上昇が近い将来に起こると考えているものと思います。

では順を追ってバフェット氏の最近の投資対象をみていきましょう。

直近はコロナの波で世界経済は大混乱、この流れの中でバフェット氏が投資ポートフォリオを大幅に入れ替えたことが報道されています。なかでもウエルズ・ファーゴをはじめゴールドマン・サックスやＪＰモルガンチェースなどバフェット氏が「永久保有」としていた米大手銀行株、ならびに航空株の売却や、最近大量購入したアップル株が劇的な上昇を遂げていることなどが話題となっていました。ただ、これら投資ポートフォリオの入れ替えはコロナの波を受けて行ってきたものです。コロナ前とコロナ後では世の中が変わっていきますので、保有銘柄を入れ替えるのは、バフェット氏でなくても当然と言えるでしょう。

一方でバフェット氏は日本の商社株の買い付けを1年前から極秘で行ってきたわけで、これは直近のコロナの波を受けたポートフォリオ入れ替えとは別物なのです。

バフェット氏はまず7月、「米国エネルギー企業の大手、ドミニオン・エナジーから天然ガスの輸送、および貯蔵事業を約1兆円で買収する」と発表したのです。また、バフェット氏がカナダの金鉱大手・バリック・ゴールドの株を取得したということで、「金投資を嫌っていたバフェット氏がいよいよインフレ到来を見越して金鉱株投資を始めた」と色めきたった意見も出てきましたが、投資額は600億円に過ぎません。ドミニオン・エナジーに投下した資金（約1兆円）とは桁違いです。バフェット氏にとってドミニオン・エナジーへの投資は、金鉱株投資とは本気度が違うと感じます。その一方で日本の商社5社への投資額は総額6700億円に上り、1年かけてじっくり行っていることから、バフェット氏は確実に本気モードです。よく調べてみると、ドミニオン・エナジーへの投資と日本の商社5社への投資は1本の糸でつながっており、バフェット氏がおそらく「近い将来に強く想定していると思われる世界」を推し量ることができます。

惨憺たる有様のエネルギー企業

バフェット氏の想定する未来を考える前に、世界における直近の資源開発やそれに関わる企業をめぐる現状を振り返ってみます。2020年、コロナの波を受けて世界的な経済活動が停止、多くの企業や産業が厳しい局面に立たされ、特に窮状を極めたのが航空会社や旅行業界でした。コロナの波で移動できませんから飛行機は飛ばず、航空会社は大赤字。また飛行機が飛ばないことや、経済活動全般が休止状態となればエネルギーを消費することもなく、当然、原油やガスなどの価格は暴落、エネルギー企業は惨憺たる有様となったのです。日本の5大商社も軒並み大幅な減益決算や赤字に追い込まれました。これら資源を扱う会社は世界を見渡しても例外なく徹底的に売られたわけです。もちろん決算は大赤字でした。

例えば、かつては「セブンシスターズ」と言われた世界の石油メジャーの一角である英国のBP（旧ブリティッシュ・ペトロリアム）は、開発した原油の権益の値段が大きく値下がりして、「約2兆円近い減損処理を余儀なくされる」と噂され、2020年4-6月期の決算では7100億円近い大赤字の決算となりました。

ところが欧州の世論はこうした状態を見てもエネルギー企業に同情することはなかったのです。欧州は世界でも特に環境問題に対し極めて熱心です。地球温暖化が進み、日本でも毎年のように異常気象が発生してきています。地震や津波、毎年酷くなる台風や豪雨など、世界を見渡せばどこも同じ状態です。この状況に対し欧州では、「環境をなんとかして守る必要がある」という強い意志の下、欧州勢がリード役となり「パリ協定」が策定され、世界中の国がほぼ賛同したわけです（米トランプ政権だけはパリ協定離脱）。環境ブームに沸く欧州では、化石燃料の会社は嫌われます。二酸化炭素を大きく排出する企業、あるいはその開発を行う企業は忌み嫌われるのです。その代表が石油企業であったわけです。原油を掘れば大量の二酸化炭素が排出されますし、石油を使えば大量の二酸化炭素が排出されるのです。まさに原油産業などは地球を滅ぼす産業であって、今後厳しく規制されるべき対象というわけです。

その嫌われ者のBPが石油の権益で大赤字を出したのですから、欧州の世論は「ほら、見たことか！」「そんな産業を続けているからだ！」というムード一色となったわけです。この「二酸化炭素を排出させるような会社の発展や存続は許せない」という雰囲気の中、世論や欧州各政府の意向も受け、石油企業には向かい風が吹く一方です。

ESG投資と投資撤退

さらに世界の金融を統括する国際金融機関は声明を出し「世界の気候変動問題を考慮して新規の化石プロジェクトへの融資は行わない」と決めました。要するに、「石油開発などは地球を滅ぼすとんでもない行為であり、銀行業界としてはそんなものにファイナンスをつけるわけにはいかない」というわけです。

これだけではありません。「二酸化炭素排出をするような企業からは資本を逃避させる」という動きも強制的に出てきているわけです。近年よく「ESG投資」という言葉を聞くと思います。これは、

E：エンバイロメント（環境を重視する）

郵便はがき

料金受取人払郵便

牛込局承認

8133

差出有効期間
2023年8月
19日まで
切手はいりません

162-8790

東京都新宿区矢来町114番地
神楽坂高橋ビル5F

株式会社ビジネス社

愛読者係行

ご住所 〒 TEL:（　　） FAX:（　　）		
フリガナ お名前	年齢	性別 男・女
ご職業	メールアドレスまたはFAX メールまたはFAXによる新刊案内をご希望の方は、ご記入下さい。	
お買い上げ日・書店名 年　月　日　市区町村　書店		

ご購読ありがとうございました。今後の出版企画の参考に
致したいと存じますので、ぜひご意見をお聞かせください。

書籍名

お買い求めの動機

1　書店で見て　　2　新聞広告（紙名　　　　　　　　　）

3　書評・新刊紹介（掲載紙名　　　　　　　　　）

4　知人・同僚のすすめ　　5　上司・先生のすすめ　　6　その他

本書の装幀（カバー），デザインなどに関するご感想

1　洒落ていた　　2　めだっていた　　3　タイトルがよい

4　まあまあ　　5　よくない　　6　その他(　　　　　　　　　)

本書の定価についてご意見をお聞かせください

1　高い　　2　安い　　3　手ごろ　　4　その他(　　　　　　　　　)

本書についてご意見をお聞かせください

どんな出版をご希望ですか（著者、テーマなど）

S：ソーシャル（社会に貢献する）
G：ガバナンス（企業統治、不祥事を防ぐ）

という3つの観点から投資対象を選び、投資を行うということです。このESG投資は現在、世界の機関投資家や年金基金、投資信託など、資産運用手法の基本となってきています。その意味において石油企業や石炭企業など、「環境破壊をするような企業への投資からは撤退する」という流れも加速しているのです。この投資撤退を「ダイベストメント」と呼び、この流れも世界の圧倒的な潮流となってきたのです。ダイベストメントの動きは、この数年加速する一方です。

例えば2014年9月にはダイベストメントによる投資撤退は約5兆3000億円でしたが、2018年9月、わずか4年で約641兆円と120倍に劇的に増加したのです。「石油企業など環境を壊す企業を決して許してはならない」という世論と、それを実現させる資金の流れが激しさを増したのです。

欧州では、これら石油企業が今回コロナの波で大赤字を出したことに対して世間の同情など皆無でした。結果として、石油企業はこれらの激しい非難に背中を押される形で、自らを変革しなければならない状態に追い込まれていったのです。

BPのルーニーCEOは「世界がエネルギーに求めるものが変わりつつある以上、率直に言って私たちも提供するものを変えていく必要がある」と述べ、2030年までに再生エネルギーの発電所などを中心とした低炭素関連事業の投資を、現状の10倍となる約5300億円に拡大すること、石油や天然ガスの生産量を2019年比で40%減少させることを約束させられたのです。

これは同じくかつてのセブンシスターズの一角である英蘭ロイヤル・ダッチ・シェルも同じです。2021年2月、ブールデンCEOは「気候変動をめぐる議論の中で、社会の期待が変わってきた。シェルは自らの野心的な目標をさらに前進させる必要がある。だから2050年までに二酸化炭素排出量を正味ゼロにすることを目指す」というのです。これは、「シェルは石油をもう掘らない」ということです。同社は7月にオランダに大型の洋上風力発電所建設の契約を取りました。そして2019年に決めたメキシコ湾の原油掘削の大型投資の無期延期を発表したのです。こうしてシェルは今年5000億円以上の設備投資計画の圧縮に追い込まれたのです。

シェルもBPも世界を代表する資源メジャーであり、100年を超える歴史を持つ企業です。それらの石油企業が大赤字を余儀なくされて抜本的な業態転換を強いられているわけです。このように「パリ協定」の本場である欧州では石油企業は目の敵にされ、続々と原油掘削事業から撤退させられています。

欧州に比べると米国は多少向かい風が緩いのですが、根本的な厳しさは変わりません。米国を代表する企業であるエクソンモービルは10年前には世界の株式市場においてナンバー1の時価総額を誇る、まさに世界に冠たる企業でした。しかし同社も今回のコロナの波には勝てず、権益の減損処理に追い込まれました。

しかも落ち目のエクソンモービルは、NYダウ採用銘柄からも除外される始末です。10年前は世界一だった企業が世間から見放され、ダウ採用銘柄からも押し出されてしまったのです。世界の名だたる石油産業は今、極めて厳しい、存続が危ぶまれる状態となっているわけです。

なぜ、これら世界を代表する石油メジャーがどこも惨憺たる状況に陥ってしまったのでしょうか？ それは石油メジャーが将来的な石油枯渇や再生エネルギー時代の到来を見据えて、石油および再生エネルギー、両者に巨額に投資し続けたからなのです。

いわば、「投資の膨らませ過ぎ」です。2019年の段階でBP、シェル、エクソンなど、世界の石油大手5社が握る石油の権益は過去最大に達していました。そこにコロナの波が襲って一気に崩壊状態となってしまったのです。かような状態ではもはや新しい原油の掘削などできるはずもありません。IEA（国際エネルギー機関）は2020年5月、「今年の石油・ガス会社の上流部門への総投資額が前年比32％減の約35兆円になる」と発表しました。これは過去10年間で最大の減少幅です。どこも原油掘削どころではありません。

しかし、これで世界のエネルギーがもつのでしょうか？　原油や天然ガスや銅やアルミ、ニッケルなど、原油や鉱山開発は簡単にできるものではないのです。

例えば、原油開発や天然ガスは開発を決めてから調査や掘削の機械の運搬、掘削した資源を運ぶ道路などインフラ整備もあり、実際に工事を始めるまでには何年もかかります。資源開発は一般的に開発を決めてから生産開始まで4～5年、長ければ10年かかるわけです。

ですから、いったん原油やガス、銅やアルミなど鉱山などへの投資をやめてしまうと、今度はいくらそれらの資源が欲しくても、数年は手に入らない状態となります。結果、資源価格はロケットのように急騰してしまうのです。それが資源開発の歴史です。

移行期に急浮上する天然ガス

ちなみに2002年に10ドル台だった原油価格は、2008年のリーマンショック前には149ドルまで暴騰。同じく2002年に2ドルだった天然ガス価格は、2006年には15ドルまで跳ねました。現在のように原油掘削をはじめとする資源開発をほぼ100%停止してしまえば、将来、世界の景気が回復したあかつきに石油や天然ガス価格はとんでもない事態に陥る可能性が高いのです。

中国やインドは今後、何があろうが確実に発展し続けるのですから、いずれエネルギー情勢がひっ迫するのは明らかです。ところが、現在の世界は、「環境、環境」と叫び、資源開発を許しません。

そこで登場するのが「クリーンエネルギー」と言われる天然ガスなのです。天然ガスは化石燃料ではありますが、二酸化炭素の排出量が石炭に比べて40％も少ないのです。エネルギー革命の中、即座にエネルギーのすべてを石油や石炭から風力や太陽光に移行することなどできないのです。どうしても「移行期間」が必要です。そこで重宝にされるのが、間違いなく化石燃料の中でもっともクリーンなエネルギーである天然ガスなのです。

エネルギー問題についての世界の第一人者ダニエル・ヤーギン氏は「エネルギーの80％を化石燃料に依存している世界経済が他のエネルギーに切り替えることが並大抵でないことは確か」と述べています。考えてみればわかりますが、日本のエネルギーを風力や太陽光だけでまかなえると思いますか？　無理です！　だから、天然ガスなのです！

現在の化石エネルギーの状況をみると、環境問題があって石炭は著しく減少、石油も漸減、天然ガスだけが伸びている状態です。天然ガスの著しいひっ迫状態は、もうすぐそこに迫っています。その時に世界で一番強いのが日本企業なのです。それも当たり前で、世界でもっとも天然ガスを輸入（液化天然ガスのＬＮＧ輸入）しているのは日本です。日本の商社は天然ガス取扱高が規模のわりに突出しています。現在、世界のLNG（液化天然ガス）の取扱い量をみると、ナンバー1がシェルで4000万トン、次いでエクソンが2000万トン、BPが1800万トンと資源メジャーが続きます。そしてこれらの後を追って、三菱商事、三井物産が1400万トンで続くのです。

バフェット氏はかような将来を見据えて、日本の商社に投資したものと思います。そして、米国においてもドミニオン・エナジーの天然ガス権益を購入したのです。幸いにも日本の商社5社は財務体質もよく高配当を続けています。三菱商事と住友商事は配当利回り5％を超えています。三井物産も4％を超える配当利回りです。

バフェット氏のように長期でじっくり投資して、高配当を毎年もらいながら〝大暴騰の日〟を待ってはどうでしょうか。わざわざ日本株に投資したバフェット氏の慧眼《けいがん》に追随すべきと思います。

2021年初頭のLNGの暴騰

先に天然ガスの需要が爆発的に拡大するのは必至の情勢と指摘したわけですが、その傾向は2021年初頭から現れ始めたのです。特にアジア地域でLNG価格が暴騰状態となりました。

昨今の異常気象は季節を選ばずに出現するのですが、特に冬とか、夏とか、台風やハリケーンなどの季節や、日本の梅雨のような季節の変わり目の変化がある時など特にその猛威をふるってきます。今年初頭は異様な寒波が世界を襲いました。米国ではテキサスが猛烈な寒波に襲われました。通常テキサスは冬でもエアコンがいらないほど温暖な地域ですが、今年の寒波は異常でテキサスは連日猛吹雪に襲われ、700万世帯が何日にもわたって電気、水道なしの状態に追い込まれました。100人超の犠牲者も出ました。バイデン大統領は非常事態宣言を発出しました。

さらにこの地域では産業界も甚大な損害を被りました。テキサス州は世界の半導体の有力企業が工場を構えていたからです。韓国のサムスン、NXPセミコンダクターズ、インフィニオン・テクノロジーズなど州内の工場は閉鎖を命じられたのです。これが米国の半導体供給に大きな打撃を与えました。

また同じくこの時期、アジアでは全域で異常な寒波が到来しました。このため東南アジアや中国、韓国はじめ日本でも極端な電力不足に直面、各国が競って天然ガスの調達に殺到したのです。結果、アジア地域における天然ガスのスポット価格は暴騰状態となったのです。昨年は2ドルだった天然ガスのスポット価格は今年初頭には32・5ドルまで暴騰状態となりました。日本でも地域によってはエネルギー不足から電力を融通することができなくなりました。結果一部の地域では電気代が1キロワット5～10円程度だったものが、200円超になるなど異常な状態となったのです。まさに突発的なエネルギー不足、電力不足の出現が大混乱を引き起こしたわけです。

現在、脱炭素という国際的な流れの中で、化石燃料の開発は難しくなっています。しかしながら太陽光発電や風力発電では自然が相手ですので、需要量に合わせて出力を調整することができないわけです。いわば必要な時に電力を作り、必要でない時に電力を作らないという調整ができません。ですから今年初頭のようにいきなり寒波が襲ってきて、予想以上の電力が必要となる時、火力発電を使って電力の出力を調整するしかありません。そのようなケースでは極端に火力に頼るしかなくなります。そのため緊急に火力のエネルギーのもととなる天然ガスや石炭が必要になるわけです。

しかしながら天然ガスにしても石炭にしても、常に十分な在庫を保有しているわけではありません。今年初頭はこれらエネルギーの調達がうまくいかず、かような価格暴騰状態を引き起こしてしまったわけです。本来かような現実を捉えて、基本的なエネルギー政策を遂行しなければなりませんが、現実には「CO2を大幅に削減する」という国際公約のもと、日本は目標達成にまい進するしかなく、そこには現実を無視した机上の計画ばかりが並んでいる状況となっています。

太陽光が最安値となった？

8月3日、経済産業省は2030年時点の原子力や再生エネルギーなど電源別の発電コストの試算を発表しました。ここでは驚いたことに太陽光による発電がもっとも安いという試算結果が出されたのです。経産省の試算によれば、2015年の段階では天然ガス火力が13・4円、石炭火力が12・9円、それに対して大規模太陽光は12・7~15・6円と試算されました。これが2030年には天然ガス火力が10・7~14・3円、石炭火力が13・6~22・4円、それに対して大規模太陽光は8・2~11・8円になるということです。

太陽光は世界中で普及が進んでいるので、パネルや付属部品の値段が安くなると見積もっています。実は太陽光は先に指摘したように天候に左右されることから発電量の変動に備えるためのバックアップ電源が必要なのに、このコストは加算されていないのです。しかも直近で太陽光のパネルを作るのに必要な銅の価格は急騰しています。

さらに太陽光パネルはほとんど中国からの輸入ですが、これがウイグルの強制労働に絡んでいるということで、米国では輸入禁止の方針を打ち出しています。本当に経産省の試算通り太陽光発電は安くなるのか？　極めて疑問というしかありません。

菅政権は国際公約としてＣＯ２の排出量を２０１３年比46％減という必達の目標を設定しました。世界に発信した関係で菅政権としてこの目標を達成するしかありません。勢いエネルギー政策を打ち出すにもＣＯ２削減目標の達成を最終ゴールとして、逆算して計画を立てるしかないようです。ですから計画に無理が生じます。この試算は太陽光の普及を絶対的なものとする実現の可能性を無視した、「結論ありき」の精査していない「絵空事」としか思えません。

こんな客観的な事実を指摘すれば、現在の地球温暖化の状況を深刻に捉えていないのか？と非難を受けるかもしれません。現在の地球の状況が極めて深刻な局面にあり、気候変動は毎年、悪化する一方です。全世界で力を合わせて早急に対処しなければ、人類の存続に関わる重大な事態を招きかねないという切羽詰まった懸念はその通りと思います。

毎年激しくなる熱波や寒波や集中豪雨、スーパ台風の到来、そしていつ起こるかしれない東京や東海地区を襲う地震の可能性など、われわれを取り巻く環境は一触即発の状況に近づいているという感覚は多くの人が共有しているものと思います。そのような懸念はもっともと感じながら、現実をみれば世界の動きは簡単には止められないものです。まずは現実を直視して世界の脱炭素の実態とパリ協定の目標に対しての進展状況などをじっくり精査することが肝要でしょう。しかしながら現実を知れば知るほど戦慄が走るのが実態です。

各国・地域別のCO_2排出量の割合

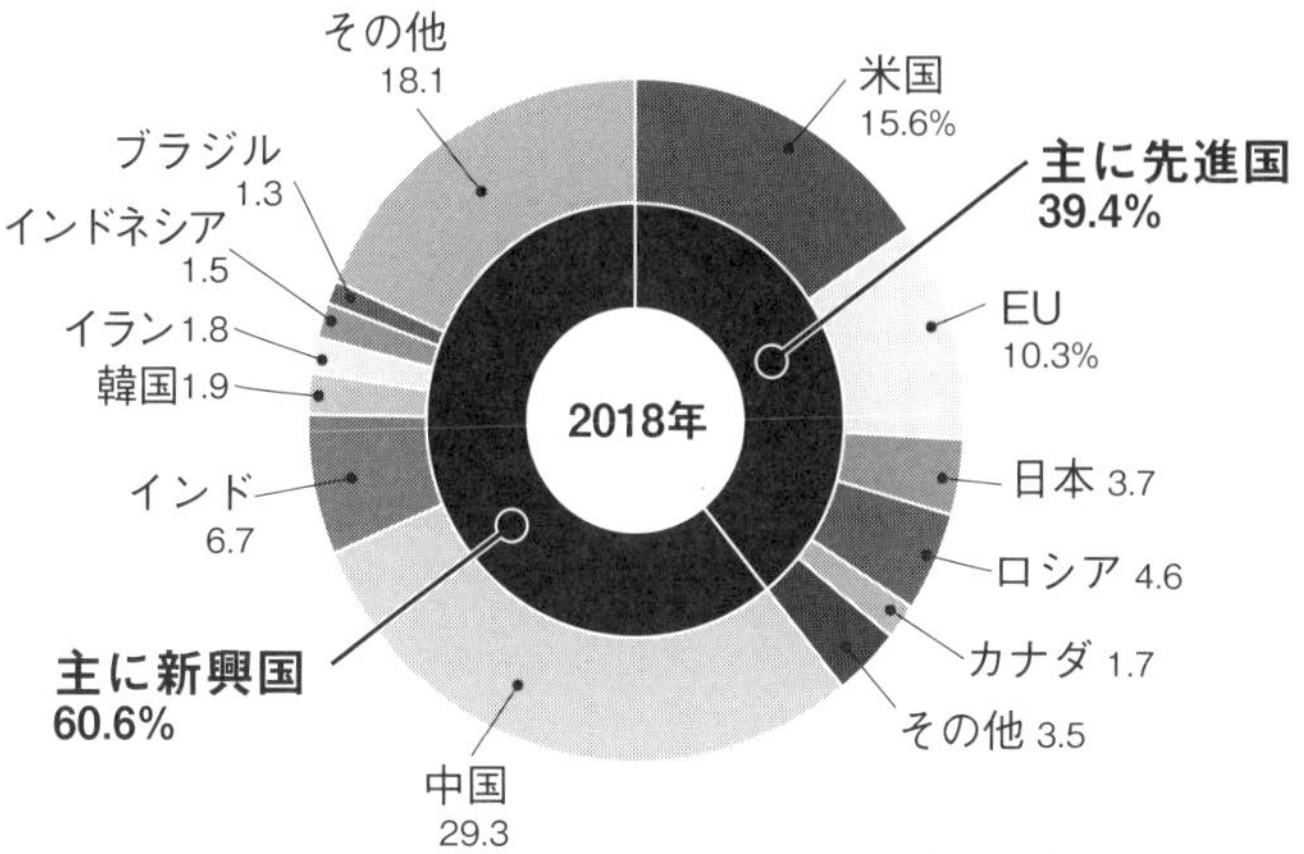

出所：日経ビジネス2021年3月5日

CO_2年間排出量

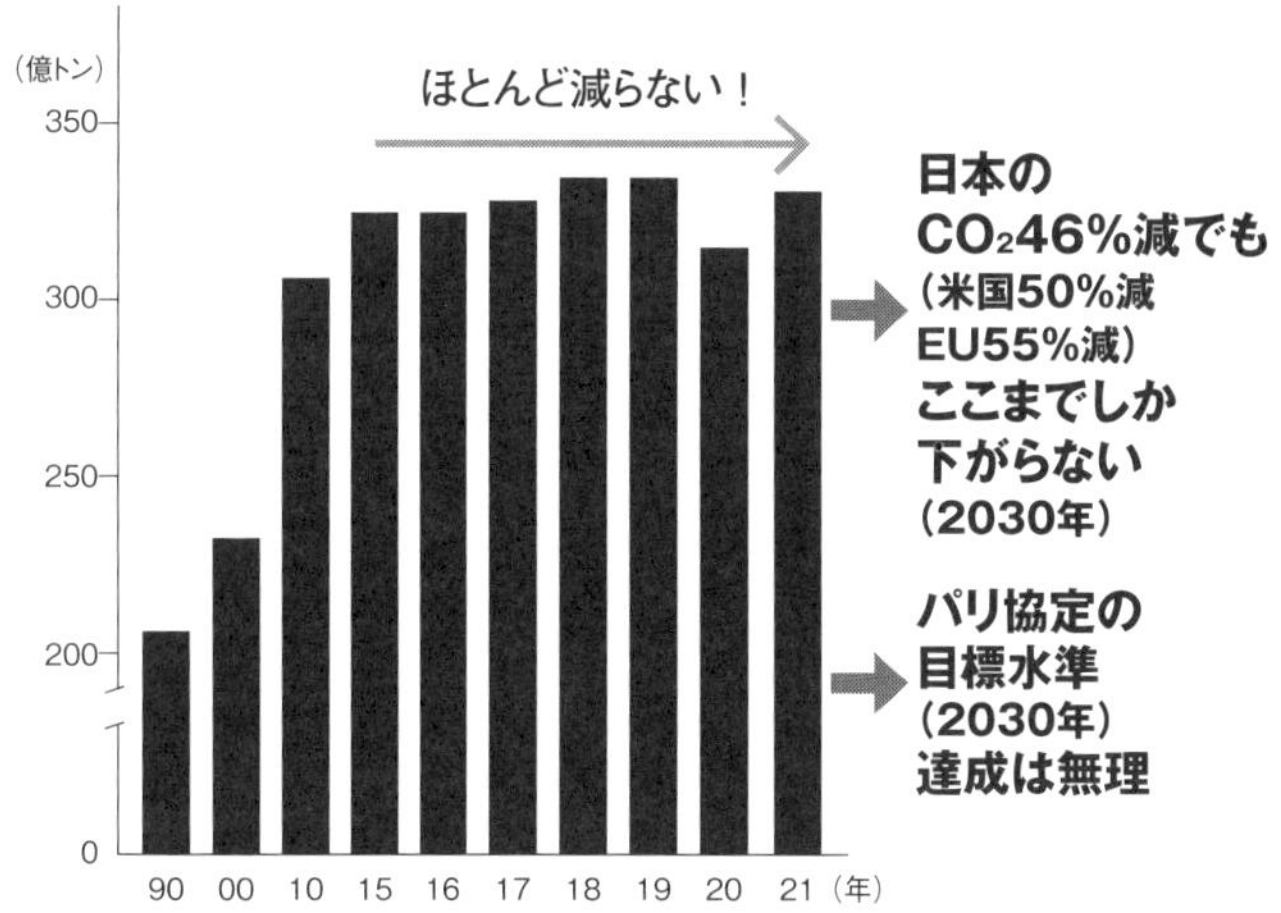

出所：日経新聞2021年4月21日

このグラフは世界のCO2の年間排出量を表したものです。みての通り世界のCO2排出量はこの10年間ほとんど減っていません。これだけ世界中で大騒ぎしているのに、このグラフでみればわかるようにかえって年間の排出量は増えているのが実態です。

CO2の問題を騒ぎ始めたのは1990年代後半からで1997年には京都で初めて地球温暖化に対しての会議が開かれました。ここで「京都議定書」が採択され、先進国はCO2排出の抑制または削減することで合意したわけです。ところがこのグラフで2000年の時点からの年間の排出量の劇的な拡大傾向をみてください。まったく協定が成果を出していないことが一目瞭然《いちもくりょうぜん》です。先進国中心に意識はあるのですが、CO2の排出量は減ってこないのです。減るどころか21世紀に入って、ますますCO2排出量は増えています。

2015年12月12日、パリ協定が採択されました。パリ協定では「平均気温上昇を産業革命以前と比べて2℃未満に抑制、1・5℃に抑える」と決めたわけです。そして「このため2030年までに世界全体の温暖化ガス排出量を2010年比で45％削減し、2050年までに正味ゼロにする必要がある」としました。このように世界中の国々が集まって採択できたことは「画期的」と高く評価されました。

しかしながらパリ協定においては各国の削減目標はあったものの、〝強制力〟はありませんでした。ただ世界は共通の危機的な認識を共有できたことは評価できるということでしょう。

ただパリ協定が採択された2015年の時点からもCO2の排出量はほとんど減っていません。昨年だけ排出量が減っていますが、これはコロナの感染拡大で各国の経済活動が強制的に自粛となったからです。あれだけ経済活動を世界中で抑えた結果として、昨年の排出量は一昨年に比べて5・8％の減少となりました。

ちなみに昨年の世界の経済の成長率はマイナス4％でした。ところが今年はコロナからの脱却が始まり、世界経済は6％成長するとみられています。その場合、CO2の排出量は昨年比4・8％増加すると試算されているのです。結局1年経てば一昨年と同等の排出量に戻るというわけです。世界中で連日のように温暖化の危機を騒いでいますが、実態はこのグラフのごとく排出量削減は「至難のわざ」ということです。

国際エネルギー機関IEAによる脱炭素工程表

「化石燃料への投資を即時停止する」というIEAの発表には度肝を抜かれました。すぐに化石燃料への投資をやめろ！　というのです。そもそもIEAは1974年、石油ショックの最中に世界のエネルギーの安定供給を目指すことを目的に作られた機関です。IEAはここまで主に化石燃料の開発を奨励してきたわけです。それが180度方針を変えて、いきなり化石燃料の開発を停止して再生エネルギーのみを開発しろと言うのです。地球温暖化の進行に対して並々ならぬ危機感を持っているとも言えますが、はしごを外されたような思いのところも多いでしょう。とにかくＩＥＡは風力と太陽光の開発を急ピッチで進め、20年後には石油と石炭の火力発電所を廃止し、30年後には再生エネルギーの比率を7割に引き上げろというわけです。このための投資としてＩＥＡは風力や太陽光発電への投資を今後10年間、世界で年間５００兆円ずつ実施しろと提案しています。この数字を考えると、日本では年間50兆円ずつ投資しろというような要求です。日本の税収は60兆円強です。ＩＥＡの要求は税収のほぼすべてを再生エネルギーの投資に向かわせろという提案です。

これはＩＥＡがおそらく無理なことがわかっていて提案していることでしょう。それはそのくらいの勢いで投資していかないとパリ協定の目標も達成不可能であり、またそのくらいやらないと今後地球の気候変動は手がつけられなくなるという警鐘なのかもしれません。

今年4月22日、米政府が主催した気候変動に関する首脳会議において、２０３０年に向け日本は２０１３年比46％削減すると表明。米国は同じく２０３０年までに２００５年比50～52％削減すると表明。ＥＵは同じく２０３０年までに１９９０年比55％削減すると表明しました。この削減目標の出発点が日本は２０１３年、米国は２００５年、ＥＵは１９９０年とまったく違うところが面白いのですが、これがミソでおのおのＣＯ２をもっとも排出していた時点を起

石炭火力の新規稼働・廃止が多い国

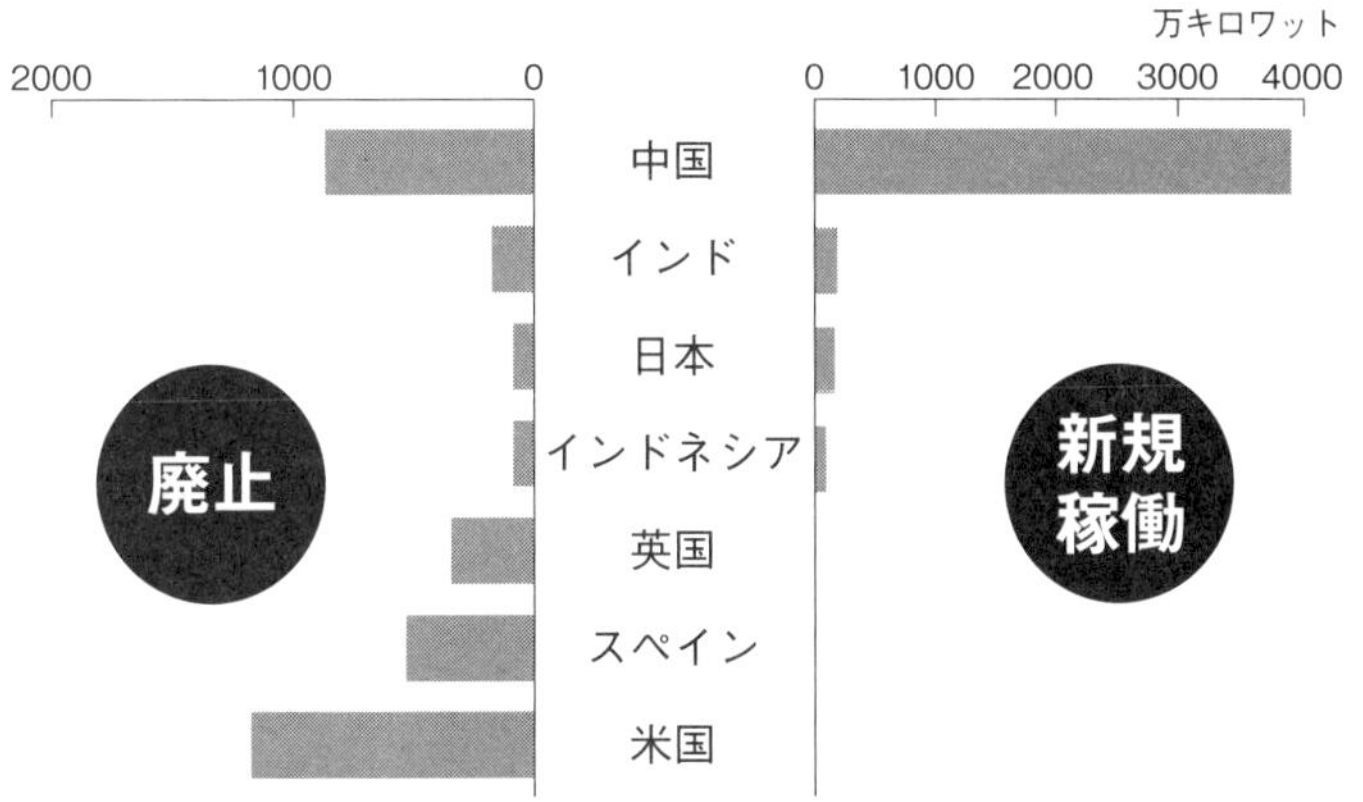

出所：グローバル・エナジー・モニター

点として、そこから最大限何%削減するかということで削減率を競っているわけです。削減率が大きければ大きいほど自ら「われわれはいかに改革してきたか」という努力の度合いが目立つからです。

こうして米国もEUも日本も出発点はおのおの違うものの、とにかく今までのやり方から2030年までに劇的に変えていく。さらに2050年の温暖化ガス排出ゼロに向けて死に物狂いで行動するという姿勢を示したわけです。そしてIEAによれば各国はこの工程表通り実行すれば（とても無理、特に日本はほぼ不可能に思える）、晴れて2050年には現在と比べて石炭の需要は90%、石油の需要は75%、天然ガスの需要は55%減るということです。「これではゼロではない」と思うでしょうが、現在でも

30年度の日本の排出量は英仏の実績より多い

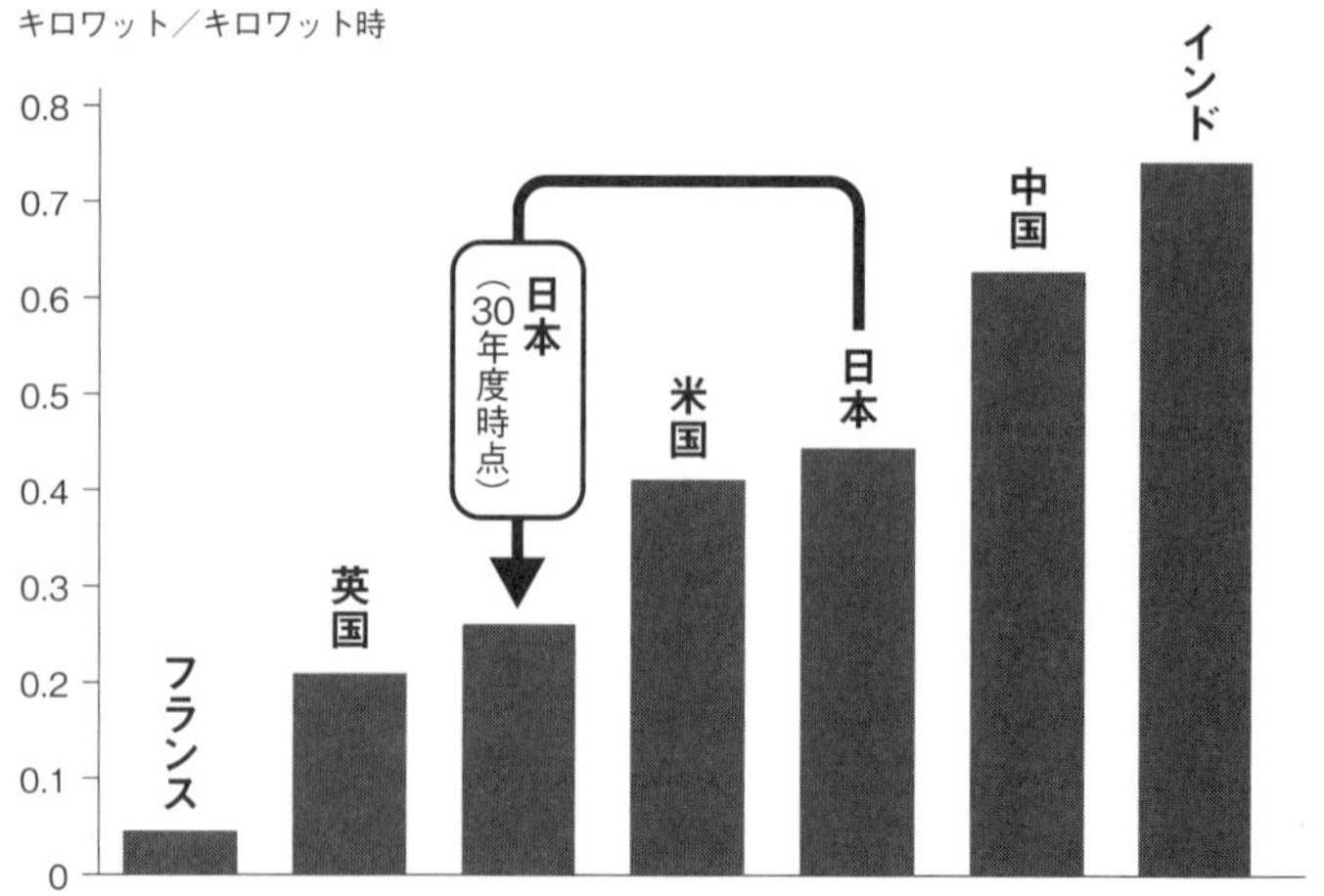

（注）2018年の1キロワット時あたりのCO2排出量。IEA、電気事業連合会の資料をもとに試算

出所：日経新聞2021年7月22日

森林がＣＯ２を吸収している部分もあります。またＣＯ２を地中に埋める技術もありますので、差し引きＣＯ２の排出をゼロにすることができるということです。というわけで、工程表だけはでき上がりました。

しかし多くの専門家や国は作文だけはできたものの、内心「これは無理」と考えているわけです。また中東地域やロシアなど資源国においては、かようなことが実現されると自らは資源の輸出で食べているわけですから、「不都合な未来の到来」となります。石炭や石油、天然ガス業界に従事して生計を立てている人や企業にとっても一大事ということでしょう。われわれ皆が国や人種、民族の違いを超えて一致し地球温暖化に取り組まないと、「人類の存続自体が怪しくなってくる」という懸念は痛いほどわかります。総論はいいが、各論になると前に進めなくなるというのと一緒で、これは至難のわざというしかありません。

かようにIEAの工程表も実際、実現可能なのか疑問だらけですし、足元の日本の実態を考えてもどうなるのか、まったく先が見えない感じがします。

そして日本が国際公約した2030年までに2013年比46%の削減などという夢ものがたりが実現できるのだろうか？　と普通に感じるわけです。そして現実はこのとても実現できそうもない46%の削減という達成不可能と思える数値を何かしらの奇跡が起こって達成できたと仮定します。そして米国も2005年比50%、同じくEUも1990年比55%という夢のような目標を揃って達成できたとします。このような奇跡が起こったとして、グラフでみると、2030年には300億トンのところまでしかCO2排出を減らすことができないのです。IEAの目標は2030年200億トンの排出です。まだ100億トンも足りない。これだけ夢ものがたりを実現できたとして、とても真の目標値には追いつかないのが実態なのです！

IEAの主張するように今後石炭や石油の需要がほぼなくなるような世界が訪れるのであれば、これら石炭産業や石油産業は将来的にはなくなるという見方の下、劇的に産業の衰退が進みそうな気がします。そうなれば将来的にも、その将来を見据えた現在でも、当然のごとく石炭価格は下げ、石油価格は下げ、さらには同じく化石燃料である天然ガス価格も大きく下げてきそうな気がします。

ところが現実にはまったく逆のことが起こってきたわけです。現在世界で際立ってきたのは石炭や石油、天然ガスの価格の急騰です。使わないはず、廃れていくはずのこれら化石燃料の価格が急騰するのはどうしてでしょうか？　そして問題はこれら石炭や石油、天然ガスの価格が天井知らずで上げていく可能性すら考えられるのです。再生エネルギーへの大転換とあたかも世界中が一致団結して行動しなければならないところなのに、実は石炭、石油、天然ガスの奪い合いのような状況で価格の上昇を止めることができない、この「不都合な真実」をみてみましょう。

米国シェールオイルの帰趨

シェール革命は２０１０年から起こってきました。米国で画期的な原油の採掘手法が開発され、今までは採掘不可能とみられていた原油やガスのシェール層からの採掘が可能となったのです。米国では国土のほぼ全域にシェール層が広がり、そこでも埋蔵量は１００年分を超えるともみられているわけです。米国は原油輸入国だったのですが、シェール革命によって、あっという間に〝世界最大の原油産出国〟となってしまったのです。かような現実が世界のエネルギー事情を変えないわけはありません。

米国は原油を確保するために深く中東に関与してきました。米国はサウジアラビアはじめ、中東産油国と固い絆を保ってきたわけです。米国は中東が安定するように力をもってこの中東地域に関わってきました。ところが原油が自ら確保できるようになり、もはや今までのように深く中東に関与する必要がなくなったわけです。そして米国が石油を産出できるようになったことで、原油価格においても世界の情勢が変わるようになりました。今まではOPEC（石油輸出国機構）はじめ原油産出国が原油市場を決める決定的な力を持っていたわけですが、米国が世界一の産油国となると、今度は米国のシェール産業は原油の価格が下がると開発を中止、原油の価格が上昇すると開発を再開。このように価格に応じて巧みに開発を行うようになりました。こうして米国のシェール産業が原油市場における世界のプレイヤーとなって価格調整係となっていったのです。当然のごとく、今まで価格支配力を持っていたOPECの力が弱まりました。こうして昨年に至ってはコロナの世界的な拡大という現実があり、原油価格は一時、考えられないことですが、マイナス価格、持つことでコストがかかる異常事態にまで至るという極端なことも起こったわけです。

ところが直近、原油をめぐる情勢が再び変化してきたわけです。特に米国ではワクチン接種が進み、新規のコロナ感染者が激減しました。行動制限が大きく緩和され、人の往来が活発化してきたわけです。その結果ガソリン需要が急激に拡大してきました。米エネルギー情報局（EIA）によると、7月2日時点で米国のガソリン需要は日量1004万バレルに達したということです。米国で1日のガソリン需要が1000万バレルを超えるのは初めてのことです。

従来なら米国のシェール企業は原油価格が上昇に転じると、積極的に投資して生産拡大を目指したのです。ところが現在シェール企業は動きが鈍いといいますか、積極的な投資を行わないのです。米国のシェール企業は世界の原油供給の約1割を生産してきました。今年7月の時点ではWTIの原油価格は一時77ドルを超えてきました。これなら積極的に投資する環境が整ってきたはずです。ところが7月16日の時点で米国のシェール産業全体におけるリグの稼働数は484基のみ、2年前2019年に比べて50％も減ったままなのです。これこそが大問題でシェール企業は開発意欲を失いつつあるわけです。

これは脱炭素の世界的な波で「開発は悪い」という世論、ないしはファイナンスが難しくなっていること、さらにはトランプ政権から変わったバイデン政権の方針も影響し始めています。バイデン政権はオバマ政権時代と同じく様々な開発規制を再開させたので、シェール企業にとって開発コストが大きく上昇してしまいました。さらには昨年の株価の暴落や直近の原油に絡む企業への風当たりの強さもあり、企業としても安易に開発を行うことができず、さらに株主からは株主還元も求められるようになってきたのです。こうして米国のシェール企業は以前のような積極的な投資を行わなくなった結果、米国の原油事情、ひいては世界の原油事情が変わってきてしまったのです。

こうなると小躍りして喜ぶのが、OPECやロシアです。米国のシェール産業が活性化しないために、OPECやロシアは再び原油市場に対して大きな影響力を示せるようになってきたわけです。今回IEAは「原油など化石燃料の開発を即時に停止するように」と警告を発しているわけです。その指摘通り原油需要が劇的に減るのであればいいのですが、現実には太陽光発電も風力発電もいまのところ、原油や石炭や天然ガスを使う〝化石燃料の代替〟ができていないのです。結果、化石燃料の開発を日米欧などの先進国のみが極端に減らすことによって、世界全体で今度は極端な供給不足が生じるようになってしまいました。その現実をみて、ほくそ笑んでいるのがOPECとロシアです。OPECの雄であるサウジアラビアのアブドルアジズ石油相はIEAの警告を捉えて「映画ラ・ラ・ランドの続編だろう」と比喩、原油開発を即停止するようにとの警告は現実を知らない夢ものがたりの話であって「ラ・ラ・ランド」のようなおとぎ話と笑っているのです。ロシアのノバク副首相は「原油への新規投資を中止すれば価格は200ドルを超えるだろう」と述べています。かようなことは開発を世界で全面的にストップした場合、起こり得ることです。というのも世界の現実は化石燃料なしでは立ち行かないわけで、その現実を無視して再生エネルギーの開発のみ行うという行動に至れば、遠くない時期にエネルギー不足が看過できない時点にまで到達してしまいます。結果、原油価格の大暴騰は起こり得るのです。

現実にIEAの予測でも世界の原油需要は2021年日量9670万バレル、2026年には日量1億410万バレルとして、再生エネルギーへの転換は進むものの、原油需要が減るところまでには至らないのです。IEAは現実にこのような需要見積もりがあるのに「開発をやめろ」と主張するのは矛盾ですが、IEAとしても現実を直視しながら、脱炭素の真の難しさを強調したいものと思います。IEAの報告書は「本当にCO2排出削減をできるのですか」と問いかけている意味もあるわけです。

エクソン、シェルへの圧力

今年、驚きとともに報道されたのが世界の大手石油メジャーに対しての想像を超えた圧力でした。エクソンモービルとロイヤル・ダッチ・シェルに向かった異様なまでのケースを振り返ります。エクソンモービルといえば、世界に冠たる石油企業です。10年前は世界の企業の中でもっとも時価総額が高く、世界一の企業だったわけです。そのエクソンもダウ採用銘柄から除外されるなど最近は惨憺たる仕打ちを受けているように感じます。今やCO2を排出する化石燃料を掘削する企業や同じく生産時に大量のCO2を排出する鉄鋼産業や化学産業、そしてCO2をばらまくガソリン車などは環境派の標的であり、世界の環境を壊す元凶として目の敵にされている情勢です。

そのエクソンの今年の株主総会のニュースは衝撃的でした。株主総会に参加したヘッジファンド「エンジンナンバー1」の提案をエクソンが受け入れたのです。この提案とは環境派の取締役を4人受け入れるようにとの提案でした。エンジンナンバー1のエクソンの持株比率はわずか0・02％に過ぎなかったのです。普通、持株比率が0・02％ほどでは発言さえも許されないケースもあるでしょう。ましてやその提案が受け入れられるなどあり得ない話です。エクソンは衰えたとはいえ、世界最大の石油メジャーです。そのエクソンがそれほど弱小なヘッジファンドの提案を受け入れるなどあり得ない話です。ところが株主総会において、多くの株主がエンジンナンバー1の提案に賛成票を投じました。結果、エクソンはこの提案を受け入れるしかない状況に追い込まれたわけです。どれほど資本市場において環境に対しての意識が高いか、そして圧力がいかに激しいものであるかを物語っています。世界のファイナンスを牛耳るブラックロックなどの巨大ファンドも連携して脱炭素の流れを推し進める体制となってきたわけです。

「2050年まで投資先企業の温暖化ガス排出量をゼロにする」と表明した運用会社はブラッ

クロックはじめ世界の大手87社に上ります。これらの運用資産総額は4000兆円に上るのです。これは世界の投資資金の約4割に達しています。このような流れは急ピッチで進む一方で、これだけ多くの資産運用会社の賛同が劇的に増えたのは昨年末からであり、これらの数も運用資産も昨年末の時点から一気に4倍にまで達しているのです。

一連の流れが生み出したのが、エクソンの株主総会の結末でしょう。エクソンの2020年の決算をみると224億ドル（約2兆4000億円）の大赤字です。普通なら減配するケースでしょう。ところが驚くなかれ、エクソンは減配どころか配当を年間でみると増やしたのです。株主をなだめるため、株主に報いるためです。大赤字なのに株主配当を増やしたわけですから、今度は減らすものがなければなりません。それが原油への投資です。エクソンは油田開発への投資を劇的に減らしたわけです。

もっともエンジンナンバー1の主張も株主に受け入れられたわけですから、それなりの理屈もあります。エンジンナンバー1によれば、エネルギー源の転換が起こることは必至な情勢なのだから、エクソンとして戦略的なカードを持つべきということです。これは再生エネルギーの新しい技術を早急に開発しろということでもあります。今後石油需要の不確実性が高いわけだから、コスト高の油田開発は株主の利益になり得ないという立場です。この主張はエクソンの多くの株主に共感されたということです。こうしてエクソンは再生エネルギーの有力会社としてよみがえることを期待されているわけですが、100年以上原油開発を主体として世界一に上り詰めたエクソンがまったく違う分野の環境分野の旗手として世界に冠たる企業として変革できるのか、これも大いに疑問でしょう。しかし現在の金融の力はエクソンが原油掘削を続けることを許さないのです。

ロイヤル・ダッチ・シェルのケースをみてみましょう。これも驚きです。オランダハーグの地方裁判所はシェルに対して「2030年までに温暖化ガスを2019年比45%減少させるように」との判決を下したのです。従来の同社の計画ですと、目標は同じ期間で20%の削減目標でした。裁判所がこれを倍以上にしないと違法であると断じたわけです。かような判決が裁判所から出されるということも信じられないと感じた人も多かったと思います。オランダはもともと国土の4分の1が海抜ゼロメートルの地帯で、もっとも低いところは海抜マイナス6・7メートルというところもあって海の下にあるような国とも言われています。地球温暖化で北極や南極の氷が溶け出して海抜が上昇してくれば、国自体の存続が危ぶまれる危機感が国全体にあるようです。同じく海の中にある海抜ゼロ地帯にあるイタリアのベニスがいつまで存在できるか話題になっている今日この頃です。オランダの危機感も相当なものでしょう。かような危機意識がシェルに対しての強硬な判決を導き出したわけです。このあたりの意識は日本とは温度差がありますが、特に欧州は温暖化に対して危機感を持っていることがわかります。

かような危機感の下、世界が一致してCO2削減に取り組む必要があるということはその通りであっても、一方で世界全体を見渡すと、まったく違った現実もあるわけです。そもそもかような温暖化を招いたのはここまで日米欧を中心とした先進国が発展する過程の中で膨大なCO2を排出し続けたことが原因なわけです。世界にはこれから発展したい新興国も存在します。彼らにも発展する権利があるわけです。先進国が勝手にCO2を次から次へと排出し続けて、そのツケを新興国に回すかのごとく、新興国に対してもCO2排出を制限するのは道理に合わないという理屈です。世界には依然電気も利用できない人が8億人も存在しているのです。彼らにエネルギー源の選択を迫ることはできないわけです。

まずは電気が通る水道が通る、まっとうな生活を送らせてほしいというのは発展途上国の人々の願いであり、これを止めることはできないのです。先進国だけの理屈で割り切れないところが難しいところで、そんなことを続けてCO2を出し続けていれば地球はどうなるというのも理屈ですが、まさに総論と各論がかみ合いません。

かような中、米調査会社ライスタッド・エナジーはエクソンなど石油メジャーが欧米社会の圧力の下、開発を止めたことに対しての警鐘を鳴らしています。ライスタッドは「エクソンモービルやBPなど世界の資源大手6社の埋蔵量は警戒すべき水準」として「昨年時点で6社が保有する埋蔵量は15%減少しており、このまま大型で新規の油田開発の発見がない場合は、

15年以内に底をつき始める」と報告しています。

これでは原油価格が高騰するのも当然でしょう。脱炭素を急ぎ、CO2排出を止めるという目標への迫り方と現実がまったくマッチしていません。異様なまでの開発停止が逆に原油価格や石炭価格、天然ガスの価格の暴騰を引き起こしかねない現実が迫ってきているのです。まさに理想と現実のギャップです。このままいくと気候変動が手のつけられない状況にまで発展していって、そのため暑さ寒さが世界中で看過できない状態になっていく。

結果、エアコンなどエネルギーの使用を爆発的に増やすしかなくなり、原油や石炭や天然ガス、さらには太陽光や風力発電を含めたエネルギー全体の値段が怒涛のように上昇していく可能性は否定できません。まさに今後起こりうることは、これら資源価格の〝上昇の玉突き状態〟です。脱炭素を進めることが資源価格の暴騰につながっていき、それが過熱する一方で誰も止められない流れが生じてくる可能性があるのです。

次に世界における日本の脱炭素の現実に対しての客観的な状況を、米国や中国などと対比してみます。そして中国の問題、さらに石油に代わって注目される石炭の情勢もみてみます。

日本のエネルギー基本計画

7月21日、経済産業省は日本の新しいエネルギー基本計画の原案を公表しました。この内訳は表の通りです。

各新聞の一面にこの計画が載り、日本政府の決意と行動計画が示されたわけです。しかしながら各紙の社説をみると、一応に実現性への疑問符が語られています。

まず原子力については現在申請がある稼働していない27基すべてが稼働できる計画です。ご存じの通り日本では東日本大震災後、原発の利用は大きく制限されました。各地域の反対も強烈です。大震災後、稼働できた原発は10基となります。稼働には原発が立地する自治体の同意が不可欠ですが、このめどが立っていないのが実情です。かような実態と原発自体の老朽化、さらに日本国民の原発アレルギーを考えると、これら再開の申請されている27基の古い原発の再開が順調に進むとはとても思えません。

しかも2030年には原発が法定で定められている稼働上限年数60年運転に達する原発も出てくるのです。とても原発がすべて再開できると思えませんし、現在の法定上限年数を超えて

2030年度の発電電力量・電源構成

※数値はすべて暫定値であり、今後変動し得る。

〔億kwh〕	発電電力量	電源構成
石油等	約200程度	約2%程度
石炭	約1,800程度	約19%程度
LNG	約1,900程度	約20%程度
原子力	約1,900～2,000程度	約20～22%程度
再エネ	約3,300～3,500程度	約36～38%程度
水素・アンモニア	約90程度	約1%程度
合計	約9,300～9,400程度	100%

出所：資源エネルギー庁2021年7月21日

稼働させることについても、必ず国民的な非難が殺到することでしょう。とても原発計画が進むとは思えないのです。

さらに風力発電については、現在の日本の法律ですと、環境への影響を調査するのに8年かかるのです。結果、風力発電の本格的な導入は2030年以降となるわけです。ですから再生エネルギー源のほとんどは太陽光という計画です。その太陽光も現在面積あたりの導入量は主要国で世界最大となってきています。前述したように太陽光パネルは中国一国に依存している状況ですから、今後の世界からの注文殺到によるコストの問題が生じることは必至です。

そこで日本政府も内心覚悟しているのが、今後火力から太陽光など再生エネルギーに大きく転換していく中で、エネルギーのコストが劇的に上昇していく流れは抑えきれないとふんでいるわけです。それを政府がすべてかぶるわけにはいきません。国民に協力してもらわないととても実現できないのです。こうしてかように再生エネルギーに転換していく上でのコストを国民に負担してもらう枠組みができてきました。これが「再生可能エネルギー発電促進賦課金」です。

これは実質、〝増税〟ということです。今のところこの賦課金は今年度2021年度では約3兆円と見積もられています。このままいくと、この賦課金がうなぎのぼりとなって天井知らずに至る可能性も否定できません。日本国民も再生可能エネルギーへの転換はやむを得ないと感じているでしょうが、そのコスト負担が劇的に上昇するという現実はピンときていません。実際、賦課金をかけられて電力料金の大幅な値上げが生じてきた場合は、世論も激変する可能性もあるわけです。かようにエネルギーの転換は、あらゆる意味において並大抵のことではなく、われわれ1人1人を厳しく直撃する現実が迫ってくるわけです。

石炭価格が高騰し続ける理由

かような情勢下、2021年に入って石炭価格は上昇し続けています。2020年8月時点では1トン46ドルまで下がっていたのですが、2021年は上昇する一方で7月に入って上昇はさらに加速。7月末時点で1トン160ドルにまで達する始末です。激しい暑さによる電力需要の増大と世界各地でひん発する異常気象による供給の減少が価格上昇をけん引しています。

供給減少は2021年に入ってから顕著にみられるようになってきました。中国では死者の出る炭鉱事故が多発、中国当局も安全性検査の厳格化に動き出しました。インドネシアでは豪雨によって生産地が大きな打撃を受け、生産が15％も減少する事態に追い込まれました。異常気象を収めるために石炭の使用をやめようとしているわけです。異常気象は各地で激しくなる一方で、冬は寒波、夏は熱波の到来によって石炭の爆発的な需要が起きるという悪循環から抜け出せません。また中国は著しく関係悪化しているオーストラリアからの石炭の輸入を制限し始めています。一方で余ったオーストラリア産の石炭は日本や韓国、台湾への輸出となり、一向に値段が下がる様子はみえません。

このような石炭価格の上昇はアジア地域のみで起こっているわけではありません。脱炭素で先頭をきって世界を引っ張っている欧州においても、依然石炭の需要はあるのです。欧州においては従来ロシアからの石炭輸入があったものの、このロシア産の石炭は現在供給がひっ迫するアジア地域に回されるようになりました。そしてもう1つコロンビアが担っていた欧州への石炭の供給は、コロナのまん延によってコロンビアの鉄道と港湾が封鎖状態となり、欧州への輸出が滞っているわけです。こうして石炭を使わないと言われている欧州においても、石炭価格が上昇するという皮肉な情勢となっているのです。

ゴールドマン・サックスは6月に石炭価格の見通しを発表しました。それによると石炭の堅調な世界的な需要とオーストラリアにおける新規鉱山への認可が難しくなっている供給難の現状を捉えて、今年2021年と2022年は一貫して価格上昇となるだろうとレポートしています。

抜け目ないロシアの狡猾

かような情勢を大きなビジネスチャンスと捉えているのがロシアです。ロシアは今後膨大な石炭需要が見込まれるアジアに焦点を置いています。ロシアは中国をはじめとするアジア地域に対して大量の石炭を輸出できる体制を整えようと必死です。オーストラリアと中国の関係が悪化したことを好機と捉え、ロシアは中国向けの石炭輸出を独占しようと画策しているのです。なにしろ中国は世界の石炭の半分を消費しています。この供給を独占できれば、そのメリットは計り知れません。

ロシアにとっては、いかに石炭を中国に運ぶかがとにかく問題です。ロシアと中国は陸路でつながっていますから、陸路を使って石炭を運ぶのが都合がいいわけです。しかしながらロシアの極東地域は極寒の地ですから、意外に鉄道インフラが整っていないわけです。ですからロシアはシベリア鉄道の再開発に手をつけ始めています。バイカル・アムール鉄道、別名第二シベリア鉄道と呼ばれるシベリアを横断する鉄道の整備を急ピッチで進めているのです。この地域は極寒ですから普通の作業員を配置するのは難しい。よってロシアは囚人を開発に駆り出すという旧ソ連時代に戻ったかのような人権無視の政策を使ってシベリア鉄道の近代化を推し進めているわけです。こうしてロシアは中国やアジア地域への燃料供給を劇的に拡大させることを狙っているのです。かような動きは世界の脱炭素の流れに〝真っ向から挑戦〟するものです。

しかしながらロシアもロシアなりの理屈を主張しています。ロシアが言うには「ロシアは世界の森林面積の2割という膨大な森林を有している。この森林はCO2を吸収する役目がある、これによってロシアは世界の脱炭素に大きく貢献している。よってロシアが享受すべき排出権を考えれば炭素税を課される筋合いはない」というわけです。

一連の流れをみるとわかりますが、ロシアは本当に抜け目なく「喰《く》えない国」と感じます。前首相であった安倍氏もロシアのプーチン大統領と27回もの会談を行ってきましたが、北方領土の問題では一向に進展することはありませんでした。4島一括返還がいつの間にか「2島先行返還」に化けてしまい、それすらまったくめどが立たないわけです。まさにロシア、そしてプーチン外交に翻弄され続けています。プーチン大統領はうまく気をもたせて譲歩せず、自らの利益につなげていくのが本当にうまい指導者です。経済力を考えてみてもロシアのＧＤＰの規模は日本円にして１６０兆円程度で日本の4分の1程度、韓国のＧＤＰにも及びません。

それでいてロシアは世界でこれほどの影響力を持ち続けているわけです。まさにロシアは膨大な核弾頭を保有する軍事大国であり、広大な国土とともに巧みで抜け目ない外交を展開しています。

ロシアが握る天然ガスをめぐる巨大権益

ロシアは石油、石炭だけでなく天然ガスにおいても巨大な権益を持っています。そして政治を絡めて巧みに利用します。7月21日、米独両国はロシアの天然ガスをドイツに運ぶ海底パイプライン「ノルド・ストリーム２」の建設について、米国のバイデン政権が事実上容認することで合意したのです。この問題はウクライナをめぐる問題とも絡んできますので、トランプ政権時代は共和党の反対によって凍結されていました。トランプ前大統領はプーチン大統領との関係が良好で米国とロシアの関係は悪くないとみられていました。逆にバイデン大統領は人権問題などもあり、ロシアに対してはトランプ政権時代より強硬路線を貫くとみられていました。

ところがフタを開けてみると、トランプ政権時代には許可されなかった「ノルド・ストリーム2」がバイデン政権によって許可されることとなりました。ロシアとしてはドイツに直接天然ガスの輸出ができるというメリットとともに、ウクライナやポーランドに対して余計に強気で対応できるという大きなメリットを手に入れることができたわけです。これはバイデン政権が中国敵視政策を推し進める関係で、二正面作戦、いわゆる中国とロシア両方と同時に事を構えることはできないという米国側の事情を巧みに利用したものです。こうして自らの「ノルド・ストリーム2」という大きな利益を手に入れることができたように思えます。プーチン大統領はこのあたりの外交的な駆け引きも巧みです。

欧米中心に脱炭素の流れが加速しています。ロシアにとっては、かような流れも自らの権益拡大のチャンスとしか捉えていないように思えます。ロシアにとって脱炭素の流れは「米国からの贈り物」のようにみえているはずです。

石油においてはOPECプラスという枠組みの中で影響力を増していますし、石炭は需要がもっとも大きいアジア地域を押さえる政策に打って出ています。さらに欧州においては「ノルド・ストリーム2」を完成させ、ドイツがエネルギーという重要な生命線をロシアに依存する形を作り上げました。

そしてかような脱炭素を利用して国力を増大させていこうという動きは、プーチン大統領において留《とど》まるところを知りません。ロシアの国営石油会社であるロスネフチは2020年11月北極圏開発の計画を発表しました。ロシア北部で1700億ドルを投下して、石油とガスの開発計画を進めるということです。これが完成すると世界需要の1年分を供給できるので、LNGの基地としても世界最大となるということです。

自国の環境重視で迷走する米国

バイデン大統領は就任後即座にパリ協定に復帰、トランプ政権時代とは打って変わって環境重視に舵を切りました。日本の菅政権が2030年のCO_2削減を2013年比46％減という到達不可能と思える目標を打ち出すしかなかったのも、バイデン政権はじめ国際社会からの強い圧力があったからです。民主主義国家としての日本の立ち位置、また日米欧とのこれまでの関係を考えれば、日本としてかような大胆な温暖化対策を打ち出すしか選択肢はなかったかもしれません。

オバマ政権時とトランプ政権時、そしてバイデン政権時と米国の大統領が変わるたびに米国で政策変更があり、その波に振り回されるのは超大国にはなれない日本の宿命的な立場でもあります。しかし日本が米国の都合で右左に振り回されるのはわかるとしても、同じく政権交代によって米国自身が振り回され、それが国内世論の分断を引き起こし、米国自身が何をやっているのかわからない状態となっているのも考えものです。

米国は車社会ですから、人々はガソリン価格に非常に敏感に反応します。そのガソリン価格が1ガロン33ドル台という米国民としては許容できない水準にまで上がってきました。これに対しては国民全体にかなりの非難の声が上がってきているのです。特にカナダと交渉し続けて、両国間の政治的な問題にまで発展してきている「キーストーンXL」の問題は深刻です。共和党もこの問題でバイデン政権を厳しく追及しています。この問題を追ってみましょう。

「キーストーンXL」とは、カナダと米国を結ぶ原油のパイプラインです。この問題は米国内の環境重視派と経済重視派が争う構図となっていて、政権ごとに方針が変わってきました。オバマ政権時代はこの建設を却下、ところがトランプ政権になると一転してこの計画を認可し、工事が着工されたのです。ところがバイデン政権になると再び建設が却下されました。仮にこのパイプラインが完成すれば、米国における原油の調達が楽になって原油価格の引き下げに貢献し、ひいてはガソリン価格下落につながっていくわけです。これは米国民が望んでいることです。それでも米民主党の方針としてオバマ政権、バイデン政権と環境重視の方針は変わりません。このためどうしても政治的な焦点ともなるこの問題で妥協することは難しいわけです。政策が環境重視で国民も納得しているならいいですが、米国民も環境は重視したい、でもガソリン価格は安くなってほしいわけです。そしてガソリン価格がとめどもなく上がり続けることを米国民は許容できないわけです。かような情勢下、「キーストーンXL」の建設を却下したバイデン政権は別の方法でガソリン価格の引き下げを求めるしかないわけです。

さらに先に指摘したように米国におけるシェールオイルの開発もバイデン政権の方針によって盛り上がってきません。結果、原油価格は上昇する一方でガソリン価格も上がる一方なわけです。この現状を捉えて、バイデン政権はどのように動いたかというと、十数年前を思い起こさせるのですが、OPECに対して圧力をかけているわけです。要はOPECに原油を増産するように求めているのです。米国内では環境重視の立場から化石燃料の開発はやめるように指導しておきながら、国際的には原油価格が上昇すると困るのでOPECに増産の要請をする。これは矛盾した行為と思いませんか？　環境重視であればOPECに対しても原油の新規開発はやめろ、原油の増産はやめるべきと忠告するのが道理と思います。それなのに自国内では環境重視の立場から新規開発を止めてパイプラインの開発も許可せずに、海外に開発を頼み原油増産を促すのでは、いわゆるダブルスタンダードと言われても仕方ないでしょう。まさに米国の方針はちぐはぐで一貫性がないわけです。

国際社会が懸念することはあと3年後、次の米国大統領が再びトランプ氏、ないしは環境重視派でなく経済重視派になった場合、再度米国自体の政策が180度変わってしまうのではないかという懸念です。ですからある意味、世界の国は米国の方針を心から信用することができない気持ちになっているわけです。かような米国の迷走状態がますます環境問題を複雑化させているわけです。

LNG東南アジア輸入加速へ

次に現在のアジアにおけるLNGの爆発的な需要拡大についてお知らせしましょう。今年初頭にLNGのスポット価格が高騰したことは指摘しました。LNGは液化天然ガスですから、気体のガスをマイナス162℃という極端な低い温度において無理に液体化させているわけです。こうして天然ガスを液体化させ、保管して運ぶのです。ですから通常LNGは長く保管している中で元のガスの状態に戻ろうとします。そのためLNGは長く保管することができません。このように在庫は長く持てないという〝欠点〟があるわけです。その代わりLNGはガスを液体化することで、その体積を600分の1にすることができるわけです。ですから大量のエネルギーでありながら容易に運ぶことができるのです。さらにLNGは燃焼時CO2の排出が石炭に比べて40%少ないという利点があります。

先にも書きましたが、化石燃料の中でのクリーンエネルギーとして世界的にLGNの需要が高まっているわけです。そしてアジア地域においては、余計にLNGの需要が高まる気配です。

米国のLNG輸出量　輸出先国・地域別推移(2016〜2020年)

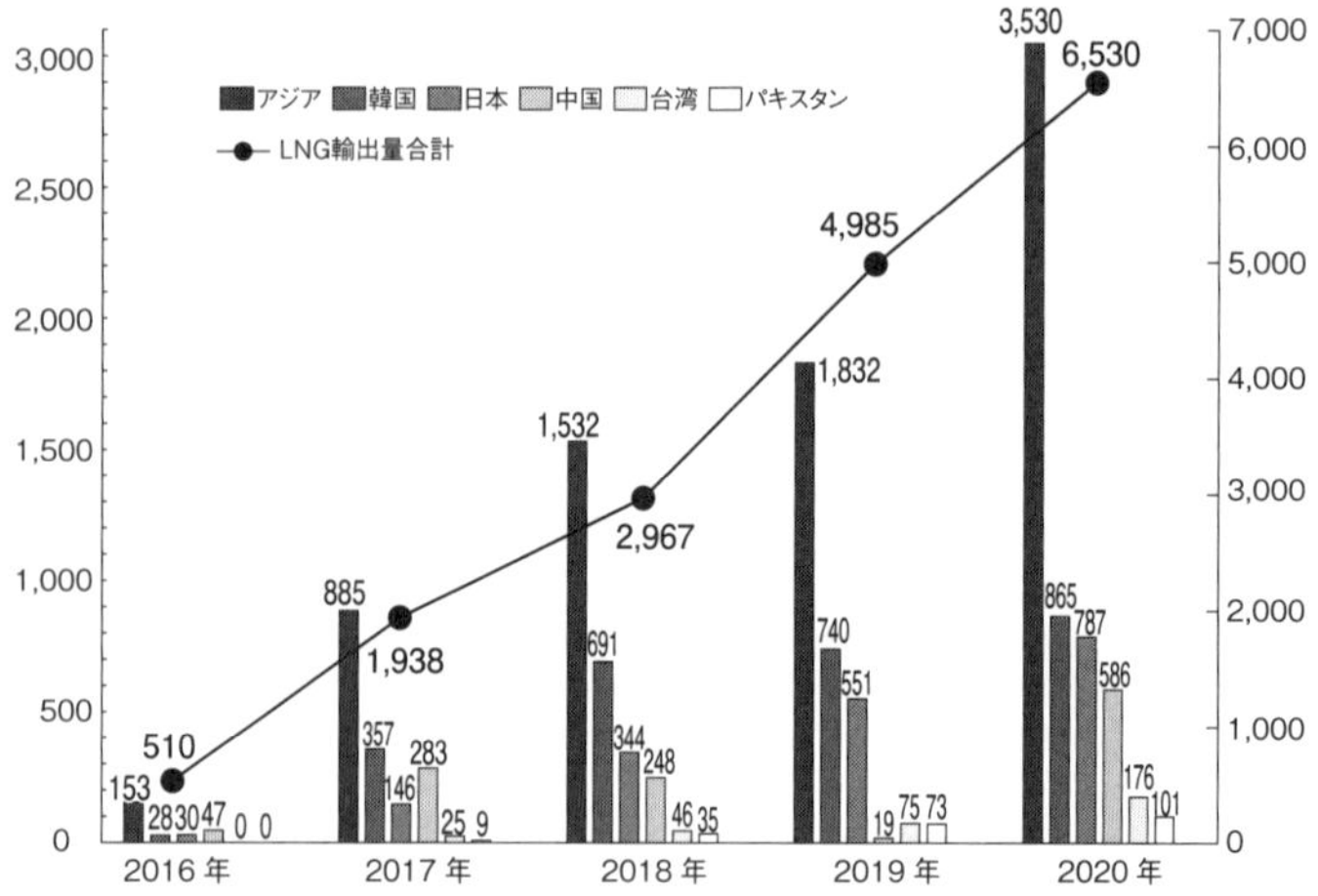

輸出量の単位:100万立方フィート/日　　出所:米国エネルギー省

東南アジアには日本と同じく島国のインドネシアやフィリピンがあります。そして他のアジア諸国も発展途上にあり、エネルギーを大量に必要とするわけです。そのような中、東南アジア全域は欧州などと比べて赤道に近いですから、どうしても暑い気候です。風も欧州のようにいつも吹き続けるわけでもありません。東南アジアは人口密度も高く、太陽光を設置するような土地に恵まれてもいません。勢い東南アジアでは風力や太陽光などの再生エネルギーよりどうしても化石燃料に頼ってしまう構図があるわけです。これから発展していくのが必至の情勢に、東南アジアにとってLNGはまさにぴったりのエネルギー源になろうとしています。

このグラフをみてわかるように東南アジア地域においてＬＮＧの需要は急速に拡大しつつあるのです。現在日本、中国、韓国が世界のＬＮＧの消費の６割を占めていますが、輸入の伸び率をみると東南アジアが日中韓よりも著しいスピードで伸びてきたのがわかります。また究極のクリーンエネルギーと言われる水素ですが、これも天然ガスから生成される手法が一般的です。現在流通している水素の80％までが天然ガスから生成されているのです。あらゆる意味で天然ガス、そしてそれを液化したＬＮＧの需要は、化石燃料とはいえ今後エネルギー体制を転換していく過程の中で、需要は当分増え続けると思われます。

フィリピン

「ガス田からの供給が減る中、ＬＮＧ調達の体制を迅速に構築することが重要だ」

フィリピン電力大手のファーストジェンはＬＮＧを初めて輸入する計画を発表しました。いよいよフィリピンも２０２２年７月から９月にかけてＬＮＧの輸入を開始する予定です。これに先立って今年２０２１年６月に基幹設備の着工に取り掛かっています。フィリピン・ルソン島南部のバダンガス市で工事が始まりました。ファーストジェンは日本の東京ガスと組んで洋上基地を設置する予定です。洋上基地の建設費のほうが安く工期が短いということで、日本の技術を導入することに決めました。

東南アジア各国で起こっていることですが、各国とも自前のガス田の枯渇という問題があります。フィリピンの唯一のガス田は2027年には枯渇するのです。これによって同国の発電量の2割が消滅するわけです。当然フィリピンは国家として次なるエネルギー源を確保する必要に迫られてきたわけです。同国は現在でも電力不足状態です。フィリピンの電力需要は毎年5%以上の増加傾向なのです。今回のLNGの輸入開始は始まりに過ぎません。今後フィリピンのLNG輸入は大きく拡大していくことでしょう。

タイ・ベトナム

ガス田が枯渇していくのはフィリピンだけではありません。かつて日本でも銅山や炭鉱はたくさんあったものの、そのほとんどが掘り尽くされて枯渇状態となりました。経済発展していく中で、どの国でも自国の資源の枯渇は当然の帰結でもあります。タイでもガス田の枯渇傾向がはっきりしてきました。同国では炭鉱会社大手のバンプーが現在の脱炭素の世界的な流れを受けて、新規の炭鉱の開発を停止すると発表したのです。しかしながら同社は石炭開発からの完全撤退は否定しています。「アジア太平洋地域では石炭の需要は根強い。顧客企業への責任は果たす」としています。バンプーは今後天然ガスと再生エネルギー事業を強化していくということです。同社の2020年12月期の決算をみると、売上の8割までが石炭関連でした。同社は石炭関連では東南アジアにおいては、最大級の生産者でしたが、今後は方針を変えて石炭から天然ガスへと方向転換していく予定です。タイは国としてLNGを2037年までに約320億立方メートル輸入する計画です。この数値は2018年比で6倍超の壮大なLNG導入計画となっています。

ベトナムでもLNGの輸入が開始されます。同国では2022年にLNGの基地を始動させます。これにともなっていよいよLNGの初めての輸入が始まるわけです。このLNGによるエネルギー確保をベトナム全土で拡大していく予定で、現在10カ所で基地のプロジェクトが進行中です。次に中国のLNG導入の実態をみてみましょう。

中国のエネルギー事情

今年2021年、LNGの輸入量が日本に代わって中国が世界一の輸入国になりました。考えようによっては、今まで日本が世界一の輸入国だったほうが不自然だったと思われます。中国のエネルギー使用量を考えれば、日本より中国が膨大な輸入をするのは当然のことです。銅やアルミや鉄鉱石など中国は世界で産出される半分の量を消費しているのです。そこでいよいよLNGの輸入を本格化してきたわけです。中国の輸入量が日本を抜いて世界一になったということは、今後のLNG輸入量は飛躍的に拡大していくのは必至の情勢と考えられます。同国は石炭など化石燃料を大量に消費し続けているのですが、さすがに世界的な脱炭素の流れの中で、中国といえどもCO2の排出を目に見えて削減していくしかありません。

その中で1つの手法として石炭から天然ガスへ、そして輸入するLNGの使用を大きく拡大させていくのは当然の選択肢です。東南アジアもLNGの輸入を爆発的に増やしつつあるわけで、中国の今後もLNGの輸入額が飛躍的に拡大していくでしょう。中国の現在のエネルギー事情と先行きを考察します。

中国のエネルギー使用量に占める石炭の割合

2012年68%　　2019年58%

中国のエネルギー使用量に占める非化石燃料の割合

2012年9・7%　　2019年15%

中国のCO2排出量

2012年96億トン　　2019年102億トン

中国のエネルギー事情

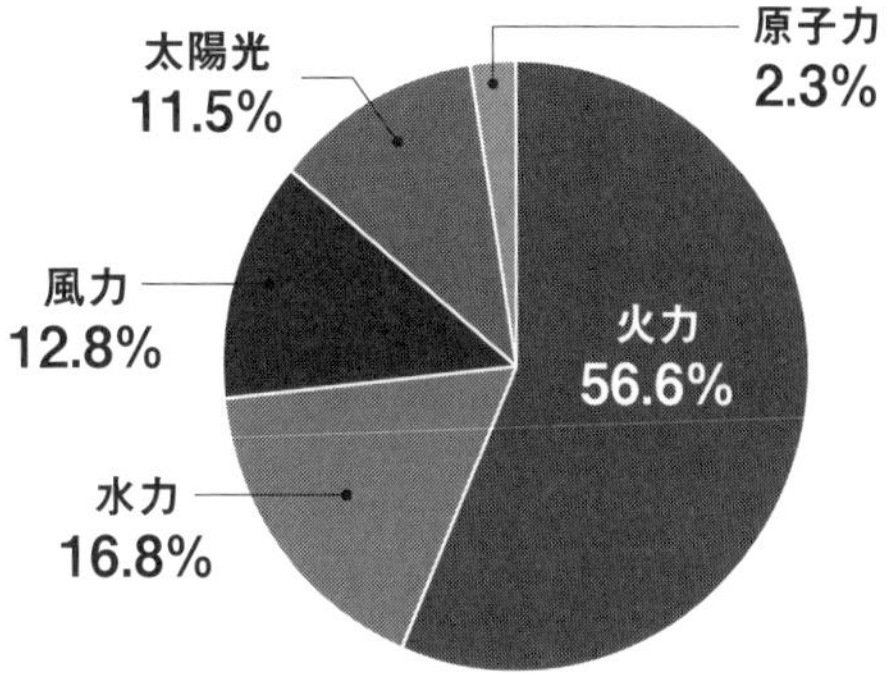

〈出所〉中国・国家エネルギー局。容量ベース、20年　出所：日経新聞2021年3月5日

かように中国においては石炭の使用量は減って、再生エネルギーの利用は拡大しているもののCO_2の排出量は増えていく一方です。これは中国自体がここまで８％近い成長を続けてきたからです。経済成長する限り、現状でCO_2の排出量が増え続けるのもやむを得ないところもあります。ただ中国は現在世界のCO_2排出の大部分を占めているわけです。中国の排出量が劇的に減らなければ地球全体の温暖化を止めることはできないことは明らかでしょう。

そして中国は自らも化石燃料である石炭の使用はできるだけ減らす方向に舵を切ってきたようです。とは言うものの、中国は引き続き石炭の膨大な使用には目をつぶるものと思います。経済規模の絶対量が大きいので、化石燃料の使用を減らすにしても一定の限界があるとの姿勢でしょう。

そして中国は化石燃料の中でも比較的クリーンエネルギーである天然ガスの使用を拡大する方向です。中国はＬＮＧの受け入れ能力を２０２５年までに倍増させるということです。この計画に基づいてＬＮＧ輸入を本格化した関係で、中国は今年２０２１年に日本を抜いて世界一のＬＮＧ輸入国に躍り出てきたわけです。

中国は官僚国家らしく、一定の計画の下にＬＮＧの輸入拡大を行ってきています。まず中国は産業別に発電燃料として石炭から天然ガスへと変更するように通達を出してきています。ＬＮＧの輸入額に応じてＬＮＧを発電燃料とする業種を拡大させていく方針です。すでに広東省から通達を始めて、ＬＮＧを発電燃料として使う業種の指定を始めています。そしてこの動きをやがて全国に波及させていく計画です。

ここまでは主に化石燃料について書いてきました。しかしながらエネルギー事情のもっとも大きな問題は化石燃料よりも今後再生エネルギーで使われる希少資源のほうです。化石燃料は世界において基本的に衰退していく、あるいは衰退させる方針でしょうが、再生エネルギーに使う資源は今後爆発的な需要が控えているわけです。この再生エネルギーをめぐる資源の争奪戦が始まってもおかしくありません。現状をみてみます。

IEA驚愕の報告書

「気候目標の達成は、重要鉱物の需要を一気に増加させる。コスト増の結果、エネルギーの転換は間違いなく減速するだろう」IEAは衝撃の報告書を出してきました。「十分な量のEV(電気自動車)、風力タービン、水素、太陽光、バッテリーを持つには重要鉱物が手ごろな価格で入る必要がある。さもなければこれら気候目標達成への大変な障害になる」としています。IEAはこれら再生エネルギーに使う鉱物の2040年までに必要となる量について、リチウムは現在の40倍になると試算しています。

このリチウムについては、現在世界の主要な自動車メーカーにおいて争奪戦が始まってきています。テスラは中国の車載電池大手であるCATLからリチウムイオン電池の供給期間を延長することを決めています。また米GMはオーストラリアの資源会社と提携、リチウム開発に乗り出すことを発表しました。もはや自らリチウム確保を目指さないと、将来調達に支障をきたすと考えてのことでしょう。実際、欧米自動車大手各社は矢継ぎ早にEVシフトの方向を打ち出しています。ドイツのフォルクスワーゲン(VW)は2030年までに350億ユーロ(約4兆5000億円)投資し、6割はEVにする計画です。この動きは各社で加速する勢いです。

ハイブリッド車を得意とするトヨタをはじめとする日本の自動車メーカーは総じて欧米各社ほど早急にEVにシフトさせる計画はありません。トヨタの計画ですと海外販売はともかく、日本国内の販売に関しては2030年までに新車の10％をEVかFCV（燃料電池車）にする予定です。日本では従来のガソリン車製造に従事する膨大な数の労働者が存在しています。わずか10年という短い期間で彼らのほとんどをうまく別の職種に就かせるのも至難のわざです。

また日本の自動車メーカーはハイブリッドという優秀な技術を確立してきた自負もあるでしょう。ただIEAは2035年までにハイブリッド車を含むエンジン搭載車の販売をやめないと、温暖化ガスの排出を2050年までにゼロにする「カーボンゼロ」の達成は不可能と警告しています。このような早急なEVへのシフトが現在の世界の潮流となっています。残念ながら日本のメーカーが世界の流れに乗り遅れることが懸念されているのが現実です。

商品相場はスーパーサイクル入り？

「商品相場は、構造的な強気相場に突入した！　あらゆる市場で需要が供給に追い付けずにいる」ゴールドマン・サックスは、商品相場が新しい強気相場に突入したとレポートしています。同じようにJPモルガンでも「過去100年で5度目の商品のスーパーサイクルが始まった」

として、商品相場が大相場に突入した可能性をレポートしています。WTIの原油相場は2020年4月のマイナス40ドルという異常値から現在は70ドル近辺で動いています。銅やアルミ、ニッケルなど非鉄金属は昨年安値から倍近くまで上昇してきています。鉄鉱石も上がり、天然ガスの価格も今冬に異様な急騰となりました。日本でも一部「市場連動型の料金プラン」で電気価格が暴騰状態になったことは記憶に新しいところです。

また穀物に目を向けても大豆やトウモロコシ、小麦も昨年から国際価格が大きく上昇しています。今のところ日本の消費者物価指数は安定していたものの、さすがに食品の値上げは広がってきました。サラダ油などの食用油は今年になって3回も値上げされています。山崎製パンは和洋菓子を平均7％値上げします。レギュラーコーヒーの各メーカーは20％の値上げを予定しています。

このように商品相場全体をみると、すべての商品が唸りを上げて例外なく大きく上昇し始めているのです。これはインフレへの序章、商品相場全般の大相場への始まりなのでしょうか？それともコロナ後の、回復途上の「金余り」によって、一時的に起こってきたことなのでしょうか？

まず、かつての商品相場のスーパーサイクルの歴史を振り返ってみましょう。1973年石油ショックが勃発、原油価格がいきなり4倍になり、世界経済は大混乱となりました。当時、日本全体がパニック状態となり、日本経済は潰れるとの危機感も生じました。幸い日本は官民を挙げた努力で「省エネ」にまい進して、危機を乗り越えたわけです。その後、世界的に原油価格は安定するようになりました。

1980年代半ばから1990年代になると、資源相場は長い低迷状態に陥りました。資源開発は価格が低迷すると採算が合わなくなるので、原油採掘や鉱山開発など、いわゆる「上流投資」が枯渇状態となっていったわけです。こうして資源の供給体制は枯れていきました。しかし2000年に入ると、世界の情勢が一変してきます。中国がWTOに加盟、世界経済に組み入れられ、急激な発展をするようになりました。時を同じくしてブラジルやロシア、インド、南アフリカなど「BRICs」と呼ばれた新興国が中国と同じく発展をするようになってきたわけです。なかでも中国はその発展過程において大量な物資を必要としました。中国は世界の資源を暴食し、そのすべてを飲み込むように世界の各地域から買い漁るようになりました。一方、BRICsなど新興国、並びに産油国などは資源が高値で売れるようになり、国も潤うようになりました。こうした相乗効果が世界全体で生まれるなかで、世界経済は大きく発展していき、資源価格のたゆまない上昇が続いていったのです。この間、原油や石炭、非鉄金属などが暴騰状態となっていきました。原油価格は1998年の10ドル程度から2008年、リーマンショックの前には149ドルに達するなど異様な値段まで急騰していったわけです。この

1990年代後半から2008年までの資源価格の急騰時期を捉えて、「商品のスーパーサイクルが起こった」と言われているわけです。そして、この2008年から13年経った現在、新たな商品のスーパーサイクルが始まった可能性が指摘されるようになりました。

では今回の商品相場のスーパーサイクルは本物でしょうか？　結論的に言うと、一部の商品相場はスーパーサイクルに突入したと言えるでしょう。しかし今後も恒常的に上がり続ける可能性がある商品と、今回の上げが一時的な上昇である商品があると思います。

例えば原油相場です。これは2008年夏には149ドルという歴史的な高値を付けたわけですが、今後かような高値に迫ることはないと思われます。原油市場では現在、サウジアラビアが減産を継続中で、このまま高値が続く場合は米国のシェールオイルの増産の可能性も高まってきます。さらにイランの原油輸出が再開される可能性もゼロではありません。また世界は「脱炭素」という流れの中にあって、自動車を中心にガソリンなど原油を使わないようにする政治的な圧力も強まっています。かように原油に関しては需要を恒常的に減少させていく流れが存在しています。そもそも原油は世界的にみて供給面でも体制が十分整っているわけです。昨今のコロナ禍の波からの脱却の中で、今後、原油価格が一時的な供給不足から上昇する可能性は否定しませんが、そのような上昇の動きが恒常化するとは思えません。

それでも銅やアルミ、ニッケル、スズなどの非鉄金属相場は今後数年にわたって大相場に発展していく可能性があると思います。まさに、これら非鉄金属は相場のスーパーサイクルに突入している可能性が高いと思います。現在の脱炭素という世界的な流れにこの非鉄金属全体が必要となっている状態を捉えて、これら非鉄金属相場の上昇を「スーパーサイクル」ならぬ「グリーンサイクル」と呼ぶ声もあります。

爆発的な需要が出てくる銅

銅からみていきましょう。相場を予想する上では今後の需要と供給の状況を測る必要があります。銅については今後明らかに需要が大きく増加していく半面、供給は絞られていく可能性が高いのです。銅価格は昨年3月の4371ドルを底にして上昇基調となり、今年4月末10年ぶりに1万ドルを突破、5月には2011年につけた史上最高値1万190ドルを超えて高値更新となったのです。その後8月の段階で1万ドル割れとなりましたが、再び高値を取ってくるのは時間の問題でしょう。とにかく脱炭素の流れの中で圧倒的に需要が高まってくるのが銅なのです。今後、脱炭素に関わるあらゆる局面で銅の爆発的な需要が出てきます。

さらにゴールドマン・サックスのレポートによると「銅の需要は今後10年で5倍から10倍に拡大する」というのです。同レポートでは「銅は新たな原油である」と指摘しています。

〈需要①──電気自動車〉

まずはＥＶ（電気自動車）です。自動車を電動化する流れは止めようもありません。米国でのバイデン政権誕生によって脱炭素の流れは加速してきましたし、日本でも菅政権が２０５０年の温室効果ガスゼロの目標を国際公約としています。もはや日本も後戻りできない脱炭素の流れに入っていて、その中でも自動車の電動化は官民上げて実行されるテーマです。この場合、新しい電気自動車は電池とモーターで動くわけですが、この時、当然、大量の銅が必要となります。従来のガソリン車ですと1台当たり約25キログラムの銅が必要でしたが、電気自動車ですと約80キログラム必要となります。今後電気自動車の生産拡大から生産過程において今までの3倍以上の銅が必要となり、それが年々、恒常的に増加していくわけです。

〈需要②──クリーンエネルギー〉

さらに脱炭素による、新しいエネルギー体系の構築にも銅の使用が欠かせません。太陽光、風力などのクリーンエネルギーの発電には大量の銅が必要となってくるのです。電気を起こすため風車のように回っている風力タービンを作るためにも銅が必要となります。その上、風力タービンなどは日本でも主に洋上で設置されることも多いわけです。簡単に考えてもわかりますが、洋上から地上まで送電線で電気を運ぶ必要がありますので、相当頑丈で壊れにくい設備とともに長い送電線が必要となります。かような関係から風力発電では銅の使用量は通常の5倍、洋上風力発電では15倍の銅の使用量を必要とするのです。このようにクリーンエネルギーでは設置のために従来に比べて〝桁違い〟の銅の使用が必要となります。これも年々拡大していくのです。

ちなみに世界の送電網は2050年までに4800万キロメートルに達し、この長さは地球の外周の約1200倍に上るということです。送電線も今後は「スマートグリッド」と言われるさらに高性能なものに変わっていくわけで、銅の使用量はどこまで拡大するのか見当がつきません。

ただし銅の供給面に目を向けてみると大問題です。現在の世界の銅の供給体制と今後の需要の伸びから換算すると、銅資源はあと35年で枯渇してしまうという試算もあります。これでも保守的な試算かもしれません。価格が上昇すれば新しい鉱山を開発するという流れも出てくるでしょうが、鉱山開発には時間がかかります。鉱山の開発は通常、始めてから発掘、運搬に至るまで5年以上かかるわけです。ゴールドマン・サックスの試算によれば、銅の生産は2023年か2024年でピークを打ち、2025年からは構造的な不足状態に至るのです。

しかも現在はESG投資ブームということで環境に配慮。鉱山の開発は極端に嫌われ、場合によってはファイナンスがつきません。皮肉ですが環境への意識が高まれば高まるほど鉱山開発のハードルが上がるのです。銅の主産地は南米のチリとペルーで、この2国だけで世界の供給の4割に達しています。鉱山での仕事を想像すればわかりますが、鉱山での発掘の作業は「密」で、人と人が極めて近く接触して仕事を行うわけです。そのため現在はコロナ感染のリスクを考え、作業現場では操業を大幅に縮小しているのが実情です。それでも生産体制はなんとか戻りつつあるものの、以前のような完全な生産体制に戻るわけではありません。

資源開発大手アングロ・アメリカン、ヴァーレ、リオ・ティント、BHPグループなど世界の資源開発大手8社の投資額の推移をみると、2011年~2015年までは3035億ドルだったのですが、2016年~2020年までの投資額は1566億ドルと半減しているのです。投資しなければ生産はジリ貧になるしかありません。

結果その段階で需要が高まれば、価格は暴騰してしまいます。金、銀、銅の世界での生産は、2016年がピークとなっているのです。各社資源安で投資を抑制してきたのです。また今年銅の生産では世界第2位にあるペルーで新政権が発足します。大統領選ではフジモリ元大統領の長女であるケイコ・フジモリ氏を破って急進左派のペドロ・カスティジョ氏が大統領に就任します。カスティジョ氏は銅などペルーの資源の国有化を主張しています。すでにペルーの通貨ソルは過去最安値に落ちるなど波乱含みです。かようにここにきて脱炭素の流れから余計に資源開発に対してのアゲインストの流れが生じてきて、ますます開発が難しくなってきています。かような状況下で爆発的な需要があふれ出してくるのです。日本における太陽光パネルの設置拡大計画をみただけでもわかりますが、再生エネルギーの需要は増える一方ですし、各中央銀行もファイナンスする姿勢を鮮明に打ち出しています。

非鉄金属供給体制の諸問題

〈ニッケル―フィリピン〉

ニッケル、アルミ、コバルト、スズなども同じく鉱山で採掘するわけですから、基本的に銅と同じような問題を抱えているわけです。ニッケルは一般的にステンレス向けに使われますが、昨今ではリチウムイオン電池の正極に使われるようになり、その需要が今後大きく伸びるとみられています。現在9万トンである車載電池用ニッケルの需要は、今後10年で100万トン、10倍超に増えるとみられているのです。ニッケルの主な産地はインドネシアとフィリピンとロシアです。この3カ国で世界生産の約55%を占めています。しかし先日、フィリピンでは採掘現場の環境汚染問題を受けて、大統領が採掘禁止命令を出しました。

〈アルミ―中国〉

アルミの生産も大きな問題を抱えています。中国での生産に大ブレーキがかかってしまったのです。習近平主席は昨年9月、国連で演説し、「2030年までにCO2排出量を2060年より前に実質ゼロにする」と宣言しました。この目標の下、中国はアルミの輸入に踏み切る方針です。中国は従来、アルミに関して自給体制を敷いていました。実は、アルミは生産過程で電力を山のように使用するのです。中国では石炭火力が主力ですから、石炭火力発電を通じて、アルミ生産を行ってきました。ところがこのアルミ生産を続ければ、中国でのCO2排出量の拡大が止まらなくなってしまいます。中国にとって石炭火力は重要なエネルギー源ですから、今後も戦略的に石炭火力を使い続けると思います。しかし、さすがに「電気の缶詰」と言われるアルミの生産に関しては、石炭火力を使ったアルミ製錬を廃棄する方針なのです。そのため今後中国はアルミの自給体制を放棄して輸入に頼るようになっていくわけです。この中国の劇的な方針転換を受けて、昨年から世界のアルミ市況の高騰が始まってきたわけです。

〈コバルト―コンゴ〉

コバルトをみてみましょう。コバルトはニッケルと並ぶ電気自動車用のリチウムイオン電池の主要な材料です。コバルトの産地は極めて偏っていて、コバルトの世界における生産の68％

はアフリカのコンゴ1国に依存しているのです。ところがコンゴは極めて政情が不安定な上に、児童労働の問題も指摘されています。このように非鉄金属の産地はチリやペルー、インドネシアやフィリピン、さらにコンゴなどですから、今後、供給が安定的になされるかどうか懸念があるわけです。しかも、これら非鉄金属に関して、現在表面化しているすべての鉱山採掘計画を足し合わせても、将来的な世界の必要量に追いつかないことは必至の情勢なのです。こうみていくと原油市場とは違って、非鉄金属の銅、アルミ、ニッケル、コバルト、スズなどは脱炭素、いわゆる環境重視の波に乗って需要が減ることがなく、供給がひっ迫してくることは確実のように思えます。現在、これらの市場は急騰から一服状態となっています。これは、投機資金が大量に入った関係で、一時的に相場が調整しているだけに過ぎないと思います。これら非鉄金属の動きは、「脱炭素」という世界的な流れに乗ってスーパーサイクルに入っている可能性が高く、今後、目を離せない状態が続くと思われます。

もともとIEAは2040年までにコバルト、ニッケルの使用量が現在の20~30倍になると見積もってきたのです。かような量は現在の地球上に存在しているのかどうか疑問です。IEAはこれら鉱物の価格が現在上がっているものの、天井知らずとまではいかない理由として「投資家はまだ各国政府が気候目標を達成することに真剣だと確信していない」と言うのです。欧州を中心に気候変動への行動を即座に行うべきとの世論が日に日に強くなってきていますが、それが実現できるかという現実論となると現在でも懐疑的な見方が多いのが実情でしょう。現実にここまでみてきたようにエネルギーの転換は極めて難しい作業なのです。

中国当局の強引な市場介入と野望

今年5月に入ってから銅やアルミ、ニッケルなど非鉄金属の価格が下落してきましたが、これは中国政府の〝強引な市場介入〟によるものです。中国では今年に入って卸売物価が高騰、これに多くの中小企業が苦しめられました。当局としても海外から入る資源価格の高騰を止めたいという思惑もあり、資源に対しての投機的な取引を厳しく規制するように動いてきたわけです。世界でもっとも資源を輸入する中国がこの政策を打ち出したことで、5月から一時的に資源価格が落ち着いてきたように思えます。矢継ぎ早に出してきた中国当局の方針をみてみます。

5月10日　取引所証拠金引き上げ
5月12日　〈商品価格を監視しており適切に対処する〉
　中国国務院　声明発表
5月19日　〈商品価格の不合理な上昇を抑制する〉

中国国務院

5月23日〈過剰な投機が価格上昇を助長した〉

国家発展改革委員会が警告

（投機、買い占めを容認しない姿勢示す）

5月25日〈2025年まで穀物などを含む主要な商品の価格管理を強化する〉

国家発展改革委員会

かような次々と出された警告と規制によって中国市場での投機熱が収まり、一時的に市場が沈静化しました。しかしながら先行きは不透明で再びこれら非鉄金属価格は上昇に転じる可能性は高いでしょう。

一方中国は再生エネルギーの市場で覇権を握ろうと着々と手を打ってきました。特に太陽光のパネルなど再生エネルギーに必要な部材や資源の権益を押さえてきたわけです。これが昨今新疆ウイグル自治区での強制労働によって太陽光パネルが作られてきたことを米国が問題として、中国からの輸入を禁止する動きが始まってきています。

しかしそれ以前の段階で太陽光パネルに使う多結晶シリコンの値段の高騰が始まってきました。太陽光パネルの主原料である多結晶ウエハー向けシリコンの値段は2020年6月に6ドルだったのですが、1年経った2021年6月現在では27ドルと1年で4・5倍に化けたのです。日本の太陽光パネルの値段も3〜4割上昇してきました。太陽光パネルの大半はシリコンです。そのシリコンは半導体に使うシリコンのような高い純度は必要としないものの、かような汎用品は中国が得意とするところです。残念ながら日本国内では太陽光パネルを増産するだけの余力はありません。かつて日本のメーカーは太陽光パネルで世界のトップシェアを持っていました。パナソニックやシャープ、三洋電機などが世界を牛耳っていた時期もあったのですが、大量生産大量消費で圧倒する中国メーカーの勢いに敗れていったのです。2020年の世界における太陽光パネルの日本製シェアは、わずか0・4％、国内需要の1割をまかなうにすぎません。現在の太陽光パネルの生産の世界シェアの72％までも中国が握っていて、しかもその半分は新疆ウイグル自治区で生産されているのです。今後太陽光パネルが調達できるのかどうか、日本政府は太陽光の設置を爆発的に拡大する計画ですが、中国からの輸入ができないと大変な事態に陥っていく可能性も否定できないのです。

ちなみに再生エネルギーの部材や主要部品の中国のシェアですが、

太陽光パネル 72％
リチウムイオン電池 69％
風力タービン 45％

となっています。これだけでなくコバルトやリチウムの権益も中国がほとんど押さえているのが実情です。再生エネルギーを拡大させるということは現在の状況では中国に頼るしか方法がないのが実情なのです。

こうみていくとまさに現在の世界は、中国なしで立ち行かなくなっている現状があります。昨年の2020年、世界はコロナの波に翻弄されました。この時マスクを供給できたのは中国だけでした。結局どの国も中国に頼るしかなかったのです。習近平主席は「国際的なサプライチェーン（供給網）の我が国に対する依存度を高め、供給を断とうとする外国への強力な反撃と威嚇の能力を形成しなければならない」と述べているのですが、まさにその通りの展開で、世界中が中国に振り回されています。現在の世界は再生エネルギーへの転換が急務ではありますが、それは中国にますます力を与えていく〝きっかけ〟になるという現実もしっかり知っておく必要があるでしょう。

第5章

上昇トレンド不変の株式市場

拙劣な運用を続ける機関投資家と追従するマスコミ

「2020年度の運用は37兆7986億円の黒字となりました」

7月1日、年金積立金管理運用独立行政法人（GPIF）はかつてない好決算を発表しました。1年間で37兆円以上（投資収益25％）も儲けを出して運用資産を186兆1624億円にまで増やしたというのですから立派です。これでGPIFの2001年からの累積の収益は95兆3363億円となりました。20年間で国民の大事な財産である年金基金を倍加させたのです。通常であれば国民に向けて大々的に成果を強調してもいいと思いますが、マスコミの扱いは小さなものでした。マスコミはGPIFが少しでも赤字を出そうものなら、大々的な紙面を投じて、その運用手法を徹底的に批判するのです。かように儲かった時などはベタ記事です。まずここに日本全体の問題が集約されているように思います。

GPIFがなぜかような立派な運用成績を残せたかといえば、単純に株の運用を増やしたからです。GPIFは2014年その運用手法を改め、株式の運用を劇的に増やしました。国内株を25％、海外株を25％、国内債券を35％、海外債券を15％（現在は国内債券25％、海外債券25％）としたのです。これが大英断で、その後世界の株式市場の上昇の波に乗って、爆発的な収益を上げるに至ったわけです。地方銀行はじめ国内の機関投資家はその資産運用に苦しんで赤字体質から脱することができませんが、彼らは単純にこの手法を真似て運用すれば苦労することなく、収益を上げられていたわけです。銀行からすれば、かような株式購入のような危ない橋は渡れないかもしれませんが、それは国民の大事な財産を預かる年金基金も同じことです。

ＧＰＩＦが２０１４年、株式運用を拡大させたのは、単に世界の年金基金の運用のスタンダードな形に従ったにすぎません。巨額の資産運用は通常、株か債券で運用するしかなく、ＧＰＩＦは株式の運用を世界各国の普通の年金のように総資産の半分にまで引き上げただけです。これによって、これほど日本国民の資産形成に貢献することができたということです。

日本国民の多くはゼロ金利という状況下で「資産を増やすことができない」と頭を抱えています。しかし誰でも単純にＧＰＩＦのように株の購入比率を増やせば、そんなに悩む必要もなく、自分の資産を増やすことができているはずです。銀行や生損保などＧＰＩＦを除く日本の多くの機関投資家たちは、「株を買わない、売り続ける」という極めて拙劣な資産運用を続けています。こんなところに虎の子の資産を預けていては、いつまで経っても資産が増えないのも当然です。日本人は事実をしっかりみて現実を認識すべきです。

日本人は国民全体、そしてそれを引っ張る知識人、報道を司るマスコミと、どうしても客観的かつ合理的な資産運用ができないように思えます。とにかく「株嫌い、株式投資は悪いこと」

との考えから抜けることができません。日本人は真面目ですから「汗水流して資産を築くのが正しい道であり、株などで資産を増やそうなどという考えは邪道」との意識が強いわけです。これは哲学の問題で人間の生き方にも起因することですから、変えるのは難しいところです。ですから、かような信念をもとに日本の多くの知識人が「株はバブル、いずれ暴落」などという凝り固まった考えを数十年にわたって言い続けています。

株の上昇トレンドは不変

一方で政府は「貯蓄から投資へ」と国民の誘導を図ってきました。政府はNISAなどで株式投資に対して無税というインセンティブを与えて何としても投資熱を盛り上げたいのに、日本国民がまったく動かないのです。「それが個人金融資産の半分までゼロ金利の預金に投下されているという〝異常事態〟を続けさせているのです。これは客観的かつ合理的な資産運用という観点からみれば、もう日本全体「病気」と言ってもいいでしょう。

考えてみてください。日本は2000年からゼロ金利ですよ。株は配当を出し続け、企業は収益を拡大し続け、日経平均も7000円から3万円まで上昇したわけですよ。それでも配当は依然高く平均2%近くあり、株価の価値を図るPER（株価収益率）というもっともポピュラーな指標では、日経平均は13倍という先進国でもっとも低い値に甘んじているわけです。これでも日本国民は株式投資になびきません。

日銀が発表した資金循環統計によると、3月末の個人の金融資産は1946兆円に達したということです。その大半は利息もつかない預金です。内訳をみると、現金・預金は前年比5・5％増の1056兆円、株式等は32・1％増の195兆円、投資信託は33・9％増の84兆円ということです。こうみると株式投資を増やしたかのように思えますが、実はこの1年間も個人投資家の株は〝売り越し〟です。要するに株式保有額は増えたものの、それは値上がりの果実であって、個人投資家による株式の購入額は増えていないのです。

一方で現金や預金だけは着実に増えているわけです。ちなみに昨年全国民に支給された10万円ずつの給付金もほとんど預金となっています。

このような現実はあるものの、ここに来て若い人を中心に少しずつ変わってきているようです。特に20代や30代ですと、株がバブル崩壊で悲惨だった時期を知りません。要するにこの20代、30代の世代は株式投資を行えば、自然に資産が増えていくという現実しか知らない世代なわけです。米国で現在の株価についてバブルとの声もありますが、米国でも株は一貫して上がり続けています。ここ数年という単位でなく第二次大戦後、一時的に低迷した時期があったにしても一貫して上がり続けているわけです。現にNYダウはこの30年で10倍以上に化けています。一方で日本株をみると日経平均は１９８９年12月29日、３万８９１５円を高値にして、31年経った今でもその7割の水準に甘んじているわけです。これほど長い期間株価が低迷したことは人類史になかったことです。歴史上最大の暴落と言われている１９２９年のニューヨーク市場の大暴落でさえ、その後25年を経て株価は高値を抜きました。

日本の場合は31年経ってこのざまです。かような体験をすれば日本国民の多くが「株はやるものではない」との結論に至っているのも当然かもしれません。しかしこれは人類史にない、現在の日本人だけが体験している「特異な異常体験」であることを認識しておく必要があります。普通、長期の株式投資は報われるものです。経済は成長し、企業は成長するものです。

日本の法人企業統計をみても、日本企業の純利益はコロナの混乱が始まる前、２０１９年３月の段階で過去最高益となりました。その水準は２００１年3月期に比べて7・4倍にまで拡大してきたのです。さらに日本企業の２０１９年3月期の配当金は２００１年3月期に比べて5・4倍にまで拡大しているのです。一方で人件費をみるとその伸びは同じ期間、わずかに3％ほどです。ということは企業は２０００年から爆発的に収益を拡大しつつあり、その収益は配当その他となって株主に〝積極的に還元されている〟ということです。その上、企業は国際競争力維持の観点から人件費は絞っています。結果、日本企業は儲かり、労働者にはほとんど還元されず、前述した通り株主だけがその果実を受け取れる構図となっているのです。

もはや誰でも労働で収入を得る道だけ（給料のみ）を考えていてはダメです。資本に参加（株の購入）していく必要があるのです。しかもこの株主に対して報いる、株主重視の状況はさらに加速中です。これは日本人全体の財産であるＧＰＩＦのような年金基金が株を多く保有していることも深く関係しています。日本政府はコーポレートガバナンスと言って企業統治を強化、企業は株主にその利益を積極的に還元することが義務付けられているのです。かように現在の日本では株主は徹底的に報われるような施策が実行され、しかもＮＩＳＡでみられるように少額の投資は無税の方向がはっきりしています。

20代30代の若い投資家に期待

本来「株高政策」という国の政策に逆らってはダメなのです。「国策に売りなし」で誰もが株を買うべきなのです。国は円紙幣も印刷できますし、その気になればインフレを起こすこともできます。そして日本国の膨大な借金は将来のインフレ到来でしか返すことはできません。子どもでもわかることです。株式投資を奨励している日本国の意図をしっかりつかむ必要があるのです。ですから私は株式投資に悲観的な知識人その他の意見は無視して積極的に株式投資を行うべきだと強く言い続けてきました。

そして日本の若い人はやっと株を積極的に買うようになってきました。２０２１年3月末の個人株主数をみると５９８１万人となり、前年比３０８万人の増加となりました。過去の失敗体験のない若い人が株式投資に積極的に参入してきています。２０２０年度はネット証券口座開設の申し込みが13％も増え、過去5年をみてももっとも高くなりました。この内訳をみると20代が４割強、30代が２割となっているのです。

時代を作る若い人は株式投資に目覚めてきています。またつみたてＮＩＳＡをみると、２０２０年末は３００万超口座も増えたのです。これは２０１８年比3倍の数字です。世帯主が20代以下の２人以上の世帯の保有する株や投資信託の額は前年比６割増となりました。まさにこの若い世代が日本の株式市場を変えていく力となっていくでしょう。昨年も個人投資家の株式投資は全体としてみると、売り越しが続いていました。これは若い人が積極的に購入しても、その購入額が相対的に少なく、資金を潤沢に保有している高齢者の投資家層が株を売り続けているから起こっていることです。

一方、昨年の個人投資家の株式全体に占める保有比率をみると、16・８％となり、これは前年比０・３ポイント上昇したのです。明らかに若い人の力です。実は個人投資家の株式の保有比率はこの50年一貫して減り続けてきました。１９７０年の個人投資家の株式全体に占める保有比率は37・７％でした。この後個人投資家の保有比率は上がることはありませんでした。一

若者の利用が増えているつみたてNISA口座

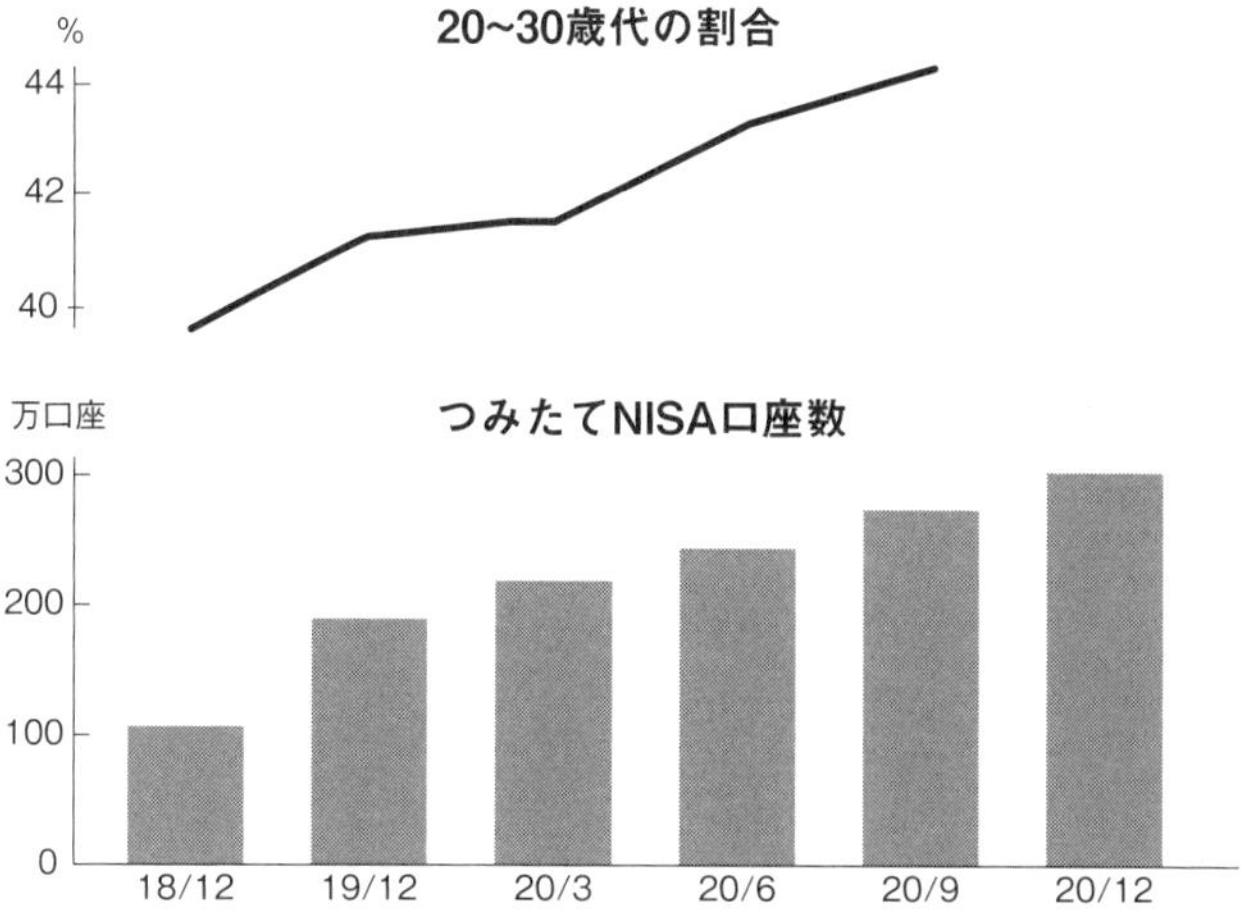

(注)20~30歳代の割合は20年9月まで

出所:日経新聞2021年2月27日

昨年の2019年には16・5%となり、過去最低の水準にまで落ち込んできたのです。それが昨年2020年16・8%と、わずか0・3ポイントではありますが上昇しました。50年ぶりの大変化です。この傾向はもう後戻りしないと思います。というのも今後若い人が原動力となっていくからです。これから投資においても成功体験を繰り返す若い人がますます増えてくるでしょう。そして投資の主役は当然ですが、時の経過とともに高齢者から現在の若い人に移り変わっていくわけです。2020年はコロナで株価が乱高下したわけですが、ある意味日本の若い人に投資のきっかけを与え株式市場を変えていく劇的な年となったと感じます。

もっと相場は上がっていく

２０２１年７月末の日経平均は急落、４９８円も下げ２万７２８３円となり、７カ月ぶりの安値に沈みました。国内のコロナの新規感染者は増える一方、東京だけでなく首都圏３県や大阪府などにも緊急事態宣言発令です。オリンピック開催中で国内はメダルラッシュに沸いていますが、経済の先行きに対しての不安感は広がりつつあるようです。一方で米国の株式市場は史上最高値近辺で推移、日米の株価のコントラストが鮮明になってきています。

ではなぜ、現在相場が低迷しているかということですが、これはまだ若い投資家が力不足ですし、現在の日本の相場が変わっていく過渡期ということでしょう。短期的には日銀の買い付けがほとんどみられなくなったこともしばらくの影響があるでしょう。東証によると、１-６月の個人投資家の売買シェアは24・８％と過去最高水準に達しているとのことです。６月単月の個人の買い取引に占める信用取引の比率は67・８％に達しています。このあたりは新しく出てきた個人投資家の行き過ぎも感じます。今後厳しい局面を経験する時がくるかもしれません。それでもかような相場の経験を通じて投資家として熟練されていくでしょう。現物だけをじっくり保有するつみたてＮＩＳＡの投資家もさらに拡大していくでしょう。

ＩＰＯなどの短期的な人気はやがて沈静化して落ち着いてくるでしょう。一方で日本株は全体的に割安なので、基本的な上昇トレンドは続いていくと思います。とにかく資産運用において、債券運用がほとんどその機能を果たせなくなってきています。普通、債券は利息を定期的に取るインカムゲイン狙い、株式は値上がりを取りにいくキャピタルゲイン狙いということになります。これは債券と株という投資における基本的な考えです。

ところが現在、債券はほとんどインカムゲインである利息を生み出しません。例えば日本国債ですが、日本国債10年物は日銀がゼロ金利に誘導していて、現実にほぼ利息はありません。欧州では日本より酷くドイツ国債などはマイナス金利状態です。要するに現在、債券投資においてはインカムゲイン、利息を取ることが非常に難しくなってきたわけです。債券相場は過去30年にわたり上げ続け（金利低下）、金利はついにゼロにまで到達しています。ここまできては債券に投資妙味はないわけです。このような投資妙味ゼロに近い債券に投資しているのが日本の生損保や銀行です。これらは〝馬鹿げた投資〟と思いますし、将来金利が上昇（価格低下）する可能性を考えると危うい投資と思います。

しかも株式投資には配当があります。現在では一部の銘柄は4～5％近い配当がありますし、日経平均採用銘柄の平均の配当利回りは2％を越えています（8月18日現在）。どう考えても債券投資より株式投資です。しかも株には値上がり妙味もあります。

投資主体別売買動向

ついに
個人投資家が
買い越しに転じた

海外投資家も現物株は買い越し

年間	個人	海外投資家	投資信託	事業法人
2021	12,188	9,778	▲11,813	1,671
2020	▲8,769	▲33,635	▲23,766	12,744
2019	▲43,129	▲7,953	▲11,609	41,870
2018	▲3,695	▲57,402	14,172	25,705
2017	▲57,934	7,532	▲10,434	12,324
2016	▲29,467	▲37,212	▲3,128	22,345
2015	▲49,995	▲2,509	2,429	29,632
2014	▲36,323	8,526	▲2,104	11,017
2013	▲87,508	151,196	4,267	6,297

株を売り続ける
生損保と銀行

こんな資産運用でいいのか

年間	金融機関	生損保	都銀・地銀	信託銀行
2021	▲ 29,969	▲ 2,520	▲ 3,946	▲ 22,325
2020	6,902	▲ 1,790	▲ 4,223	16,396
2019	▲ 12,418	▲ 3,980	▲ 6,861	▲ 189
2018	4,648	▲ 3,542	▲ 7,792	15,065
2017	▲ 12,072	▲ 5,709	▲ 8,649	938
2016	26,856	▲ 5,551	▲ 4,688	34,478
2015	13,744	▲ 5,840	▲ 3,094	20,075
2014	21,605	▲ 5,037	▲ 1,290	27,848
2013	▲ 57,932	▲ 10,750	▲ 2,829	39,664

出所：日経ヴェリタス2021年8月1日

最初に紹介したGPIFの昨年度の収益の内訳をみても国内株14兆6989億円の利益、外国株20兆6658億円の利益、海外債券2兆6738億円の利益、国内債券2398億円の損失と国内の債券投資だけマイナスとなっているのです。日銀は当分、ゼロ金利を解除することはありえません。米国のFRBも基本的に金融緩和を続けます。FRBのバランスシートは2022年末までに約900兆円まで膨らんでその後、その水準を25年まで維持する方針です。テーパリング（量的緩和縮小）によってバランスシートは拡大しなくなるだけで、その膨大な水準は維持され続けるのです。かように大規模な金余りが世界的に続けられる状況を考えれば、債券投資はほぼ意味をなさず、株式投資への拡大傾向は続くばかりでしょう。

自社株買いで株の供給は減っている！

さらに大きいことは株の供給が減り続けることです。本来株式市場は企業が市場を通じて資金調達する場のはずです。ところが現在企業は株式市場で資金調達するどころか、企業が儲かった資金で自分の会社の株を買うことが盛んになっているのです。いわゆる「自社株買い」です。この自社株買いは年々盛んになる一方です。

この1つの典型的なのが昨今の儲かっている企業、いわゆるGAFAMをはじめとする巨大

ＩＴ企業なのです。これら巨大ＩＴ企業は膨大な工場を必要とせず、従来の巨大企業に比べて大規模な設備投資を行う必要がありません。必然的に資金が余ります。その余裕資金を自社株買い付けに回してくるわけです。考えてみればわかることです。世界を牛耳っているこれらＧＡＦＡＭがその有り余った利益を自社の価値を高めるために自社株を継続的に買い続けるわけですから、株価が天井知らずで上昇してくるのも当然の帰結でしょう。

ちなみにアップル、フェイスブック、グーグル、マイクロソフトの4社における２０１７年の設備投資額は約４００億ドル（約4兆４０００億円）でした。同年の自社株買い付け額は約４００億ドルと、設備投資と自社株買い付けの額はほぼ同じでした。ところがそれから4年経った今年２０２１年は、これら4社の設備投資額は約８００億ドル（約8兆８０００億円）と倍増したのに比べ、自社株買い付け額は１６００億ドル超（約17兆６０００億円）と4倍化しているのです。いかに自社株買い付けが盛んか、わかるというものです。ちなみにアップルは今年中に８００億ドルの自社株買い付けを行います。これは全日本企業の自社株買い付けの合計額を上回る規模です。

とは言うものの日本でも自社株買い付けは年々拡大傾向です。日本ではこの10年間で44兆円の自社株買い付けが行われました。1年平均4・4兆円です。ところが今年の自社株買い付け額は7・4兆円と見積もられています。日本企業も最近は株主還元の意識が強くなってきているので、自社株買いも配当も増える一方なのです。かように株式への投資環境は追い風が吹く一方です。こうして企業は儲かった資金で株を吸い上げ続け、さらに日本の場合は日銀が買い付けた時価総額50兆円に上る株式が日銀の金庫に眠り続けているわけです。こうなれば株式の供給はますます減る一方ですから、値段が上がっていくのは当然のことです。日本の株価も将来とんでもない価格にまで高騰していく可能性が高いのです。

日本企業の配当についてもみていきましょう。これも年々増える傾向です。日本企業は横並びの意識が強いのですが、国が株主還元を奨励するように指導していますから、どの企業も積極的に配当を増やそうとしてきています。三菱ＵＦＪフィナンシャルグループは「２０２４年3月期までに配当性向（株主還元の積極性をはかる指標）を40％と累進的に引き上げる」と公言しています。現在でも同社の配当金は高く、配当利回り4・5％です。しかも解散価値を示すＰＢＲ（株価純資産倍率）は0・44という安さです。日本で一番信用力のある会社がかような割安水準で高配当になっているのに、ゼロ金利の預金に膨大な資金を預け続けている日本人の感覚はおかしいと思いませんか。今季最高益を予定している三井物産は「純利益に占める配当と自社株買いの総額の割合である『総還元性向』を3年平均で33％前後に高める」と言っています。かように日本の老舗の大企業が続々と配当を増やしていくことをアナウンスし始めているのです。まっとうな資産運用を考えるなら、預金している場合ではないと思います。

それでもマネーは市場に残っている！

一方、米国の金融緩和政策が若干引き締め気味になる傾向を懸念する向きもあります。具体的にはいわゆる「テーパリング」、これは量的緩和政策を縮小させていく政策です。米国の中央銀行であるFRBは量的緩和政策といって、毎月米国債を800億ドル（約8兆8000億円）、住宅担保ローン証券を400億ドル（約4兆4000億円）、計1200億ドル（約13兆2000億円）の債券を、ドル紙幣を印刷して買い続けています。これを段階的に縮小、ゼロにするのがテーパリングです。これによって市場に供給するマネーの量の拡大を抑える方針です。このテーパリングに関しては年内に実行し始めるとの観測が強くなっています。今まで潤沢なマネーを供給し続けてきたFRBがそれを停止するということで市場には懸念もあるわけです。

しかしながらこのテーパリングに関しては、市場が事前にその実行を織り込んでしまえば、株式市場に悪影響を与えるものではありません。前回2014年に実際のテーパリングが実行された期間、米国株式市場は上がり続けました。市場は経済の過熱を抑えるための適正な政策として、テーパリングを歓迎したわけです。今回も同じでしょう。

そもそもテーパリングは金融引き締めとは言えません。市場に毎月定期的に供給されていたマネーの供給を止めるだけであり、これでは市場に膨大にばらまかれたマネーはそのまま市場に残るわけです。このばらまかれたマネーをＦＲＢが吸収し始めるのであれば金融引き締めとなりますが、テーパリングは供給を止めるだけなのです。過去類のない膨大にあふれたマネーの状態は変わりようもありません。

実際いったんばらまかれたマネーをＦＲＢなど中央銀行が吸収していくのは至難の業なのです。例えば２００８年のリーマンショックからＦＲＢは量的緩和政策を実行してマネーの供給量を拡大させましたが、それの縮小を始めたのは２０１７年秋になってからでした。マネーの縮小に至るまで9年間も要したわけです。しかもその2年後の２０１９年12月には、米中対立の悪化によって再びマネーの縮小政策をやめざるを得ない状況に追い込まれました。かように一度供給したマネーを吸収するという、いわゆる「金融の正常化」という行為は極めて難しいのです。量的緩和の後、それを元に戻す「金融の正常化という仕事」――これは「金融緩和政策の出口」と言われますが――この出口政策を完遂できた中央銀行はありません。量的緩和という金融緩和政策は実行することはできても、元に戻すことができないのが実態なのです。

ですからマネーがあふれ、株は上げ続けています。今後も経済が変調になれば即座に量的緩和政策が復活となるでしょう。また米国経済においては株高が消費者のマインドを支えているという一面があります。株式市場の暴落なり先安感が台頭すると、一気に消費マインドが冷えて景気が失速してしまいます。このためFRBはじめ金融当局は決して公に宣言することはないですが、株価の動向を極めて重要視しているのです。FRBの政策は実質「株価本位制」と言ってもいいような金融政策となっています。この傾向は変わることはないでしょう。

コロナの問題が生じてきた2020年以降、FRBは量的緩和政策を通じてマネーの供給量を急拡大させてきました。結果、FRBのバランスシートは1年半で倍増したのです。このバランスシートは8月上旬の段階で日本円にして900兆円を超えてきました。

また同じくECBのバランスシートは同期間70%増加して、日本円にして1030兆円にまで膨らんできています。日銀のバランスシートは同期間25%増加して720兆円となっています。この3中銀のバランスシートの増加の勢いは、リーマンショック時の3倍から9倍の凄まじさとなっています。危機対応という名のもと、各中銀がいかに短期で膨大なマネーをばらまいたか、わかるというものです。

配当だけで採算可能な時代の到来

このように金融は緩和するのは容易ですが、引き締めは至難の業です。それと同じで株高を演出するのは容易ですが、株安を引き起こそうとするのは政治的にも政策的にもほぼ不可能かもしれません。ですから本書では将来止まらない株高に至る可能性を指摘しているのです。

発表された上場企業の4-6月期決算は絶好調です。4社に1社は最高益で、全産業の純利益の合計は前年同期の2・8倍、これはコロナ前の2019年4-6月期の水準を2割上回っているのです。もちろん日本企業として過去最高の決算となります。自動車、機械は海外需要を取り込み、商社、鉄鋼、化学などは資源高、素材高に潤いました。また海運は市況高騰で最高益を叩き出しています。

それでも先行き懸念から売られ、日経平均のPERは12倍台にまで落ち込みました。米国S&P500種のPERは22倍台です。どうみても日本株は安すぎるのです。日本経済は成長しないと言われますが、そもそも日本企業は米中などの海外で稼いでいるのです。海外の成長が日本企業の業績を上向かせるのですから、日本国内の現状だけで悲観するのはおかしい。

確かにコロナのデルタ株のまん延が酷く、世界の経済に対しての先行きはみえづらいところです。しかしワクチンの接種は日本国内において確実に進んでいきます。特に日本の場合、現在急ピッチでワクチン接種が進んでいる最中です。このペースで接種が進めば、10月上旬には国民の70%超が2回目のワクチン接種を終えると試算されているのです。ここまでくれば、日本は米国や英国のワクチン接種率を凌駕するのです。そうなった場合に日本の状況は他国と比べて、劇的な変化が生じるのではないでしょうか。悲観がすぎる日本株の上昇率が際立ってきてもおかしくないのです。遠からず海外投資家の買いが殺到する日がやってくるでしょう。

とにかく日本株は安いので、欲張らずに配当だけ狙っていても十分採算に合うはずです。日本人の多くは預金ばかりしていますが、かような超保守的な資産運用では株の高騰を横目に泣く日がくると思います。これからの時代、資産運用という面では株式投資を積極的に行っている者だけが報われると思います。

バブルの正体を知れ！

とかく日本のマスコミは株に関して悲観的な見方ばかり紹介する傾向にあります。今年2月「30年ぶりに日経平均が3万円に乗せた」ことが大きなニュースとなりましたが、この時も冷ややかな見方ばかりが紹介されていました。

実際、日本人の多くは株を保有していないので、株高の記事はあまり喜ばれないのかもしれません。依然、現在の株価はバブルとの声が大勢なのですが、なぜ、かように株価に対して否定的なのでしょうか。１９８０年代後半の平成バブルとはいかなるものだったのでしょうか？

そのバブルをけん引した者は誰だったのでしょうか？　平成バブルを振り返り、現在なぜ株高に否定的な見方ばかりが喧伝されるのか、その要因の一端を探ってみたいと思います。

平成バブルで常に話題になってくるのは、日本人の多くがバブルに陶酔した、バブル景気を謳歌《おうか》したという話です。ジュリアナ東京のお立ち台で踊るディスコのムード、そしてきらびやかな照明、皆が狂喜している姿がバブルの典型のような形で紹介されます。それはそれで事実の一端です。しかしバブル期の1980年代後半は土地や株が異様な値上がり状態となり、特に土地の高騰が激しく、庶民の「土地やマンションが高すぎて家を買うことができない」という怨嗟《えんさ》の声があふれていたのが事実です。このため日本人全体に「我慢できない」という怒りがあふれていたのです。バブルの一面よりも、バブルに乗れない多くの人たちの「土地バブル状態を何とか是正しろ！」という声が日本中に広がっていました。そこでNHKなどは「土地の価格を下げるにはどうしたらいいか」という特集を組んで毎週、放映されていました。この気分が日本全体のムードだったのです。このまま土地バブルを放置していては日本社会が崩れ去るという危機感もありました。かような中、日本政府もこのバブルに対処せざるを得ないということで、政策的に「バブル潰し」という方針がとられたわけです。

そのような政府や金融当局である日銀の方針を受けて、日銀は三重野康総裁の下、政策金利の引き上げ（当時は公定歩合の引き上げ）を1年間で6回、金利2・5％から6％まで一気に引き上げたのです。この時、三重野総裁は「土地と株の価格を半分にする」と豪語して強制的に実行するという、今、振り返れば気が狂ったような政策を行ったわけです。この政策に当時の日本の財政を担っていた大蔵省も賛同したわけです。加えて大蔵省は、「総量規制」という行政指導を行いました。これは、「不動産向け融資の伸び率を、総貸出しの伸び率以下に抑える」という、実質、新たな不動産融資を禁じる政策でした。この政策にはたまらず土地神話が一気に崩れ、バブル状態だった土地価格は暴落、ひどいところでは一気に価格が10分の1というような常軌を逸した状態となったわけです。こうしてバブルが崩壊となると、その立役者となった三重野総裁は「平成の鬼平」と世間の喝采《かっさい》を浴びたほどです。歴史を振り返ればわかりますが、この時の日銀と大蔵省の政策が、その後の日本経済を潰してしまったと言えるわけです。

では、かような異常なバブルを演出した張本人とは、具体的に誰だったのでしょうか？　確かに一部の個人投資家や不動産関係者並びに証券関係者はバブルを謳歌したでしょうし、バブルに乗った個人も多々いたでしょう。しかし当時の日本を全体として見渡した場合、個人としてバブルに乗った人より否定的だった人がはるかに多く、バブルに乗った人よりバブルを批判した人のほうが圧倒的に多かったと言えるでしょう。かような世論やバブルへの怨嗟が、「バブル潰し」という国策を実行させる原動力となっていたわけです。

もちろん個人の間での株式ブームはありました。特にNTTが上場した1987年2月は、NTT株の上昇に驚喜したことは事実です。これを契機に株ブームも爆発しました。上場当時、NTTは119万円で値がついて、その後わずか3カ月で318万円まで暴騰したのです。これこそがバブルであったわけです。

本当はバブルに踊らなかった個人投資家

ところが問題は、この動きに象徴される異様な上昇を真の意味でけん引したのは誰だったのかということでしょう。株価が大きく上がるのは、それを購入する者がいるからです。例えば昨年11月の日経平均2万4000円から今年の3万円まで、あっという間に駆け上がったわけです。これをけん引したのは、海外投資家の買い付けでした。昨年11月まで一貫して日本株を売り越してきた海外投資家が米大統領選挙後、日本株に目を向けるようになり、激しく買い上がったことが日経平均の急騰に直結したわけです。今回の日経平均上昇の立役者は海外投資家だったわけです。このことは広く伝えられていますし、多くの日本人が知るところです。では平成バブルは誰が立役者で、誰が無謀に、あれほど激しく株や土地を買い漁ったのでしょうか？

これは単純に当時の投資家の売買動向を調べればわかることです。買い越しの多い者がバブルを演出したわけで、ある意味、あれほど無謀に高値を買い続けたのは愚かだったということでもあります。しかし当時はブームでしたから、誰も株が下がるとは思えなかったという事情もあるでしょう。一般的に平成バブルはNTTやジュリアナ東京のエピソードのように、日本の個人投資家がその中心にいたようなイメージがあります。しかし日本の個人はバブルに対して家も持てないと極めて批判的だったことも指摘しました。では、１９８０年代後半、日本の個人投資家の株式の売買動向とは、いかなるものだったのでしょうか？

１９８９年1年をみると個人投資家は2兆６６００億円の売り越しです。意外に思われるでしょうが実はあのバブルの天井時、個人投資家は株を売り越していたのです。では１９８５年から１９８９年というバブルの最盛期の時期を振り返ってみましょう。この時期、個人投資家は10兆３９７億円の売り越しなのです。驚きませんか？　個人投資家はバブルに踊ったように思われていますが、実は全体としてみると株を売りまくっていたわけです。では今回、日経平均3万円を演出した海外投資家はどうでしょうか？　バブルの天井である１９８９年の売買動向をみると1兆６５００億円の売り越しです。この辺りは想像通りかもしれません。

１９８５年から１９８９年のバブル最盛期の段階をみると、海外投資家は13兆４４８７億円という巨額の売り越しを行っていたわけです。まさにバブル期、海外投資家は日本株を徹底的に売りまくっていたわけです。これでみるとわかりますが、日本の個人投資家も海外投資家も、バブル期、驚くほどの勢いで日本株を売りまくっていたわけです。個人は土地や株が上がりすぎることに怒っていたのです。これが当時の日本の現実であり事実です。

では誰が株を購入していたのでしょうか？　年金基金でしょうか？　違います。この当時、日本の年金基金は株を一切購入していませんでした。今とは雲泥の差です。では日銀の買いでしょうか？　違います。日銀は株も国債などの債券も一切購入していません。日銀が本格的に日本国債を購入するようになったのは2000年に始まった量的緩和政策からです。そして株を購入し始めたのは2010年の白川日銀総裁時代であって、その時は年間4500億円という、今考えればわずかな額です。

ちなみに昨年3月の暴落時に日銀は1日で日本株を2000億円購入しました。いかに白川総裁当時、買い付け額が微々たるものだったかがわかるでしょう。個人も株を売り、海外投資家も株を売り、日銀や年金は株購入など始めていなかった時期に、あれだけ異様な高値まで、怒涛の常軌を逸した買いを続けた投資家は一体誰でしょうか？

バブルに踊った銀行・生損保の凋落

銀行です！　銀行こそがもっとも強烈な土地や株の買い主体だったのです。そしてそれに続いたのが生損保です。日本人の金融資産のほとんどすべてを吸収し、日本を牛耳っていた金融の総本山が、その有り余る力をもって全力で土地と株を購入し続けていたのです。これこそが平成バブルの正体なのです！

誰がバブル期に株を買ったのか？
バブル期の投資主体別売買動向

バブルの正体はこれだ

1985年〜1989年
（日経平均1万3111円〜3万8915円）

銀行・生損保	+23兆3380億円
投信	+6兆8776億円
事業法人	+1兆8700億円
個人	▲10兆397億円
海外投資家	▲13兆4487億円

1989年

銀行・生損保	+6兆9000億円
投信	+1兆9400億円
事業法人	+5300億円
個人	▲2兆6600億円
海外投資家	▲1兆6500億円

バブルを作ったのは銀行と生損保だ！

株をすっ高値で大量購入した銀行と生損保

個人投資家はバブル期株売り越し

注：日銀、年金基金は株式の売買なし（保有していない）

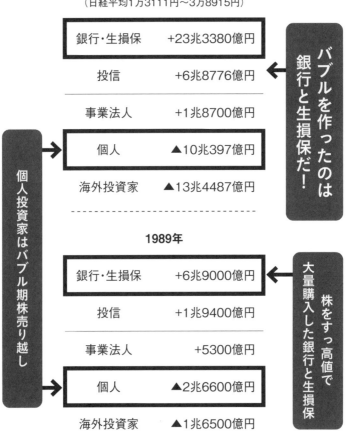

1989年単年度でみると、銀行と生損保の株式購入額は6兆9000億円と投資家としてダントツです。1985年から1989年の総計でみると、銀行の買い付けは20兆9570億円、生損保の買い付けは2兆3810億円です。いかに買いが突出しているかがわかります。当時、銀行も生損保も「土地と株さえ保有していればいい」と、自らの膨大な資金で土地や株を買い漁りました。

さらにそれだけでは飽き足らず、「とにかくお金を借りてください」と中小企業をくまなく回って営業し、経営者に「お金の使い道がないのですが」と言われると「株でも買えばいいではないですか」と、今振り返れば無謀な融資を促していたわけです。こうして銀行や生損保が自ら株式に巨額の投資をし続けて、さらにその信用力で土地や株を購入するように全国的に営業していたわけです。これこそ平成バブルの正体なのです！

金融機関がその持てる力をフル活動して、自らも大量に買い付け、さらにレバレッジを効かせて全国の中小企業経営者に土地や株の購入を勧めてきたわけですから、土地や株が上がらないわけがないのです。銀行や生損保、そしてマスコミ。これらはバブル期に一体となって株高を煽って自らの資産を投入していったのです。銀行も生損保もマスコミも、ある意味、日本を牛耳る存在です。お金の力は強く、日本中のお金を握り続けている銀行や生損保の力は、依然、強大です。そして、マスコミは日本中の報道を牛耳っています。彼らは、いわば、政府とは別の、日本の支配者とも言えるでしょう。バブル期の彼らには、「株が安くなるかもしれない」という考えは一切なく、マスコミも「株安が恒常的に訪れる」という考えなど、夢にも持っていませんでした。

しかしバブルが崩壊すると彼らは買い漁った膨大な土地や株や、それに付随する貸付の後始末に苦慮する羽目に陥ったわけです。本来であれば高値で購入した土地や株などは素早く真っ先に処分していくべきなのですが、日本全体を見渡しても、かような行動を取れた銀行や生損保は1つとしてなかったのです。結果、あれだけ隆盛を誇っていた日本の金融機関は、その後、例外なく没落していきました。

銀行・生損保を出し抜くチャンス！

1989年当時、世界の株式時価総額ランキングでは、日本の銀行がトップ10のほとんどを占めていたのです。

当時、日本興業銀行は時価総額13・3兆円、住友銀行は9・9兆円、富士銀行は9・5兆円、第一勧業銀行は8・6兆円、三菱銀行は8・1兆円、三和銀行は7・7兆円、長期信用銀行は5・7兆円、三井銀行は4・8兆円という具合でした。これらの中に、現在までそのまま名称

1989年時価総額ランキング(日本株)

この
時価総額を
見よ

↓

この時日本の
大手銀行と
生損保は
これだけの
価値の株と
土地を
持っていた

①	NTT	21.5兆円	NTTドコモと統合
②	日本興業銀行	13.3兆円	みずほF
③	住友銀行	9.9兆円	三井住友F
④	富士銀行	9.5兆円	みずほF
⑤	第一勧業銀行	8.6兆円	みずほF
⑥	三菱銀行	8.1兆円	三菱UFJF
⑦	三和銀行	7.7兆円	三菱UFJF
⑧	トヨタ自動車	7.6兆円	
⑨	東京電力	7.4兆円	実質破綻
⑩	野村證券	6.1兆円	
⑪	長期信用銀行	5.7兆円	破綻
⑫	三井銀行	4.8兆円	三井住友F

時価総額を増やしたのは
トヨタのみ

バブルを作って大損してつぶれていった
銀行と生損保

↓

1つも残らなかった!

が残った銀行は1つもありません。長期信用銀行は破綻、日本興業銀行と富士銀行と第一勧業銀行は合併してみずほフィナンシャルグループとなりましたが、現在の時価総額は3・9兆円にすぎません。合併前の1989年当時の3行合わせた水準と比べると8分の1です！　他の銀行や生損保も似たようなものでしょう。本来、いかにずさんな経営をしてきたかが問われるべきでしょう。その彼ら銀行や生損保は1990年から一貫して株を売り続けています。トラウマから脱することができません。年金基金のGPIFや日銀の手法をいくらかでも真似ていれば、違った展開もあるでしょうが、依然として株には弱気で、売り続けているわけです。それでも銀行や生損保は日本の金融を担っています。すべての日本人の金融資産を預かっている立場ですから、膨大な既得権益があるわけです。巨額の資産を減らしながらも、日本のシステムの中でこれら銀行や生損保が圧倒的な力を有している現状は変わりません。

これら金融機関の日本株全体に占める株式の保有比率は1990年の43％という突出した水準から、2019年は29・5％と30年で大きく減らしてきたわけです。それを海外投資家にすべて買われてきたわけです。

ちなみに個人投資家は1990年の保有比率20・4％から2019年は16・5％と減少してきています。一方で海外投資家は1990年の保有比率4・7％から2019年は29・6％と大きくシェアを拡大させてきたわけです。結果、株高の恩恵を受けているのは海外投資家であ

株主の主役は金融機関から外国人に

その後30年株を売り続けた銀行と生損保

(バブルの高値で買ってその後の安値で売り、
現在の上昇相場では売り続ける)

今まで持ち続ければ大儲けしていたのに

(経営責任なし!)

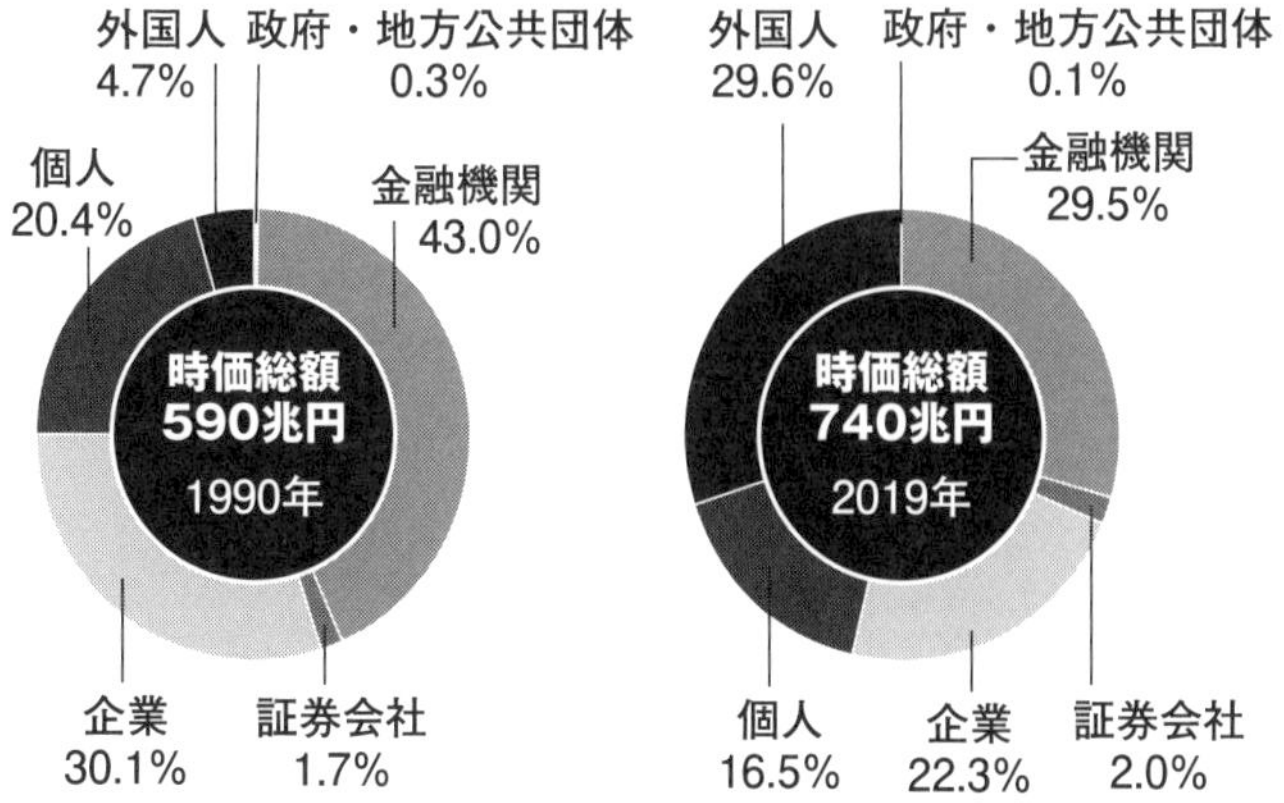

金融機関(銀行と生損保)の保有株は激減した!

もし銀行と生損保がバブル期並みに株を保有していれば
世界を支配していたハズ(米銀行のように)

なぜ銀行と生損保はGPIFを見習わないのか!

り、日本では個人も銀行も生損保も皆、株高の果実を従来ほど受けることができていません。この厳然たる事実が、日本全体が株高を否定的に感じる要因となっています。日経平均3万円を、多くの日本人は喜ぶことができない状態なのです！

先ほど指摘したように日本を牛耳る銀行や生損保が株を売り続けているわけですから、当然、その方針に従って株高には否定的な見解が示されるわけです。銀行や生損保の関係者から株高に冷めた意見が多いのは彼らのスタンスそのものを表しています。新聞やテレビなどのマスコミも、多くの日本人が株高の恩恵を受けられない現状を受けて、どうしても株高に対しては否定的な見方となるわけです。かような情けない状況が日本の現状です。

バブルを作って大損した銀行や生損保は上昇基調に転じた今も、まだ株を本格的に購入していません。「バブルを作った張本人たちは、いまだに株を売り続けている」この事実だけみても、株高はこれからが本番ということがわかるのです。

第6章

朝倉慶が読みとく
注目株

驚異！　純利益5000億円、配当利回り10％の郵船（9101）

「2022年3月期の連結純利益は5000億円を見込む。なお配当金は700円の予定」

8月4日、郵船が発表した業績の上方修正と増配予定には度肝を抜かれました。郵船は7月1日の時点で純利益に関して前期比2・5倍の3500億円になりそうとアナウンスしていたのに、わずか1カ月でさらに上方修正。利益を1500億円も増額したのです。さらに配当金は700円で従来予定の200円から大きく引き上げるというのです。これでは8月4日現在の株価6930円で計算すると配当利回りが10％を超えてしまいます。かつてかような高配当の銘柄はみたこともありません。

海運市況はかなり上がっていたので上方修正は予想通りですが、驚きはその規模と額、さらに思い切った増配です。当初郵船の2022年3月期の純利益は前期比1％増の1400億円と予想されていたのです。出てきた数字は発表するごとに驚きの増額となってきています。すでにこの発表の前に同業の商船三井が業績の大幅上方修正や大幅増配したのが話題になっていましたから、上方修正の発表は当然としても、その変化率は市場を驚かすに十分すぎるニュースでした。

5000億円の利益と言いますと、大企業としても相当な額です。郵船の時価総額自体が8月4日時点で約1兆1700億円ですから、仮にこの5000億円の利益を毎年継続できるのであれば、わずか2年3カ月の利益の蓄積だけで、5000×2・3≒11700と1兆1700億円となります。1兆円超の時価総額である郵船自体が買えてしまいます。こう考えると8月4日現在の郵船の株価6930円は安すぎると思いませんか？

株価の価値を測る尺度でいうと、これはPER2・3倍、いわゆる株価収益率2・3倍というわけです。株式市場に詳しい人、ある程度株を研究した人であれば、よほど特殊なケースでない限りPER2・3倍などという超割安な株価はほとんど聞いたことがないでしょう。一般的にPERは日本株の場合、14倍から17倍くらいまでが適正水準と言われています。仮にPER15倍と計算すると郵船の株価は4万4000円となります。かように8月4日現在の株価6930円は上がってきたとはいえ依然相当安いと思われます。

確かに郵船の株価はここまで大きく上げてきました。コロナ感染拡大で株式市場が大暴落した昨年3月に郵船の値段は1091円まで下げました。それがその後一貫して上がり続けて今年8月4日一時7440円となりました。およそ1年5カ月で株価が7倍に化けたわけです。

それでもPERなど理論価値から換算すれば郵船は超割安、結局投資家が考えていることは、おそらく今季の郵船の利益水準は現在がピークで、とてもこの利益水準は維持できないだろう

日本郵船（9101/T）週足2019/05/07〜2021/08/16

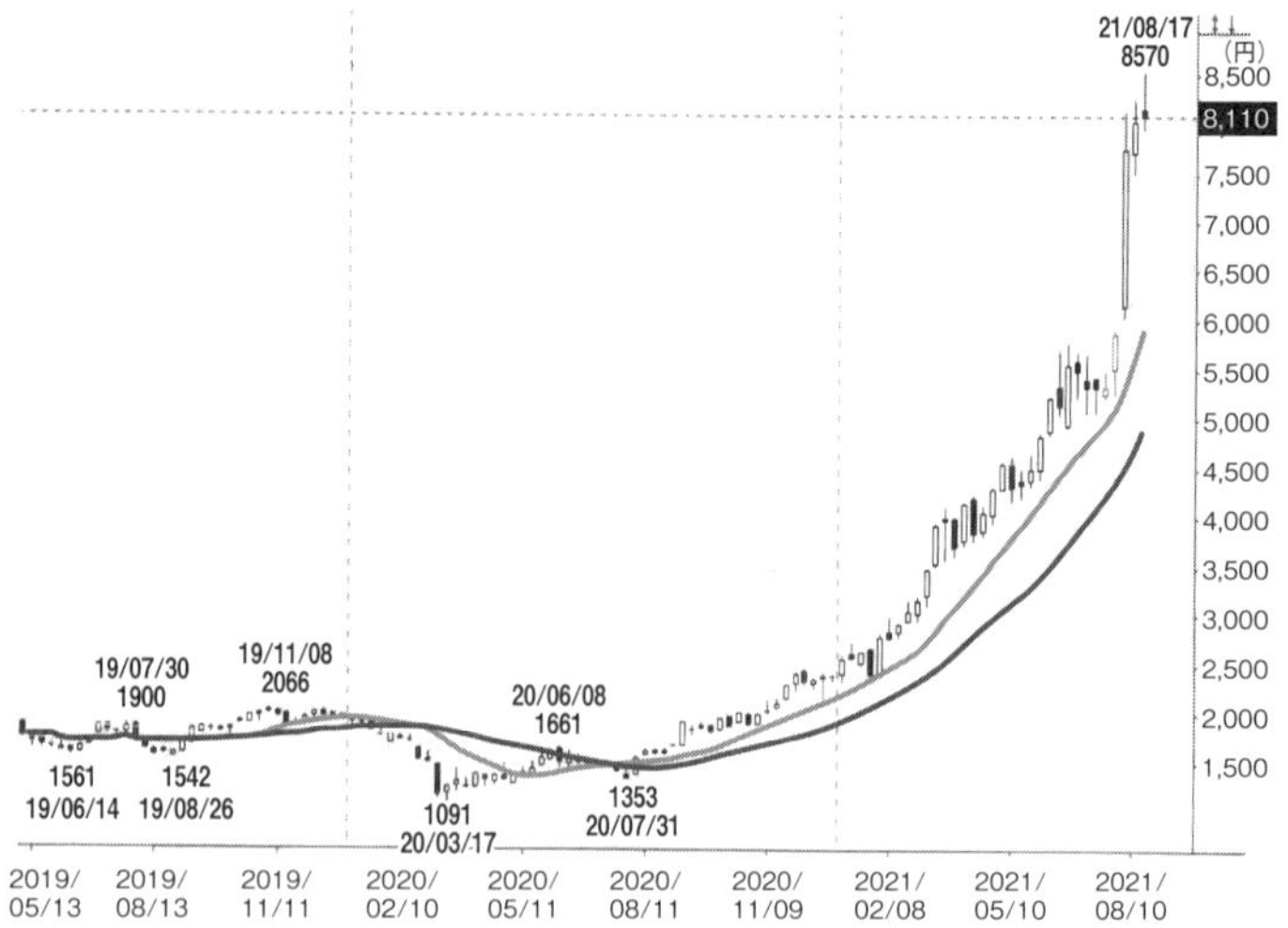

ということです。たぶん郵船の業績は今季が出来過ぎで、その後この高水準の利益を維持するのは難しいかもしれません。

郵船はじめ川崎汽船や商船三井など海運株は、今年の海運市況の暴騰によって利益を急拡大させてきました。これら海運大手3社は2017年10月、共同で出資してコンテナ船事業会社「オーシャン・ネットワーク・エクスプレス（ONE）」を設立しました。このONEが市況高騰による膨大な利益を享受することとなりました。実際コンテナの価格が急騰、さらに海運市況も暴騰となりました。海運市況をみるバルチック指数は昨年5月の安値393ポイントから今年5月の高値3418ポイントまで、なんと1年で8・7倍に化けるという大暴騰となりました。もともと海運や鉄鋼などの市況産業はその時の市況で業績が大きく振れることが多いわけです。ですからこの市況の大暴騰はおそらくコロナによる混乱が招いた一時的なこととの見方が優勢になるわけです。しかしながら先行きは不透明な部分もあります。というのも過去をさかのぼって同じく海運市況は高騰した2007年と2008年のケースでは、バルチック指数は11039、11793とおのおの驚愕の数値となっていったのです。現在バルチック指数は短期で急騰しているものの、2007年、2008年当時の約3分の1にすぎません。現在の世界の状況は極めて不安定であり、今後海運市況が2007年、2008年のようにならないと断言もできません。こう考えると現在あまりに割安すぎる郵船は十分投資妙味があると思われます。

海運株は常に市況に泣かされてきました。かつて日本の海運株のリード役だった三光汽船という大会社があったのですが、これも市況の悪化で倒産となりました。海運会社は市況産業の宿命で業績が市況に左右されるところはやむを得ません。しかしながら郵船の株価が超割安という現実を考えると、さらなる大化けの可能性もあるわけです。それに投資するのも1つの投資手法でしょう。

再び大相場を出してもおかしくない住友鉱（5713）

住友金属鉱山というと、古くからの投資家にとっては強い思い入れがある人も多くいることでしょう。株には地味な株、派手な株など様々な色があるものです。現在マザーズやＩＰＯなどでは短期で大きく株価が動くことで人気化することもあるし、中には高値を買ってしまって酷い目にあう投資家もいることでしょう。

しかしながら株式投資は一種魔力のようなものもあり、個人投資家の多くは派手な動きで、短期で大きく株価が動くのを好むものです。短期で儲けようとか、一発勝負して大儲けを狙おうなどと考えて投資していると、大体うまくいかず、結果、大損するというケースのほうが多いようです。それでも投資家は短期で儲けた気持ち良さや相場にうまく乗った最高の気持ちが忘れられず、再び値動きの軽い株に投資してしまうところがあります。「短期投資は危ない」との鉄則はわかっているが、やめられないというところでしょうか。

投資家は大相場に一度でも大きく絡んでいるとその強烈な印象が忘れられないものです。住友鉱は40年前の１９８１年、大相場を出しました。最後の相場師と言われた是川銀蔵氏の買い占めによって２０３円から１２３０円まで一気に急騰して日本中の投資家を驚喜させたのです。

住友金属鉱山（5713/T）週足2019/05/07〜2021/08/16

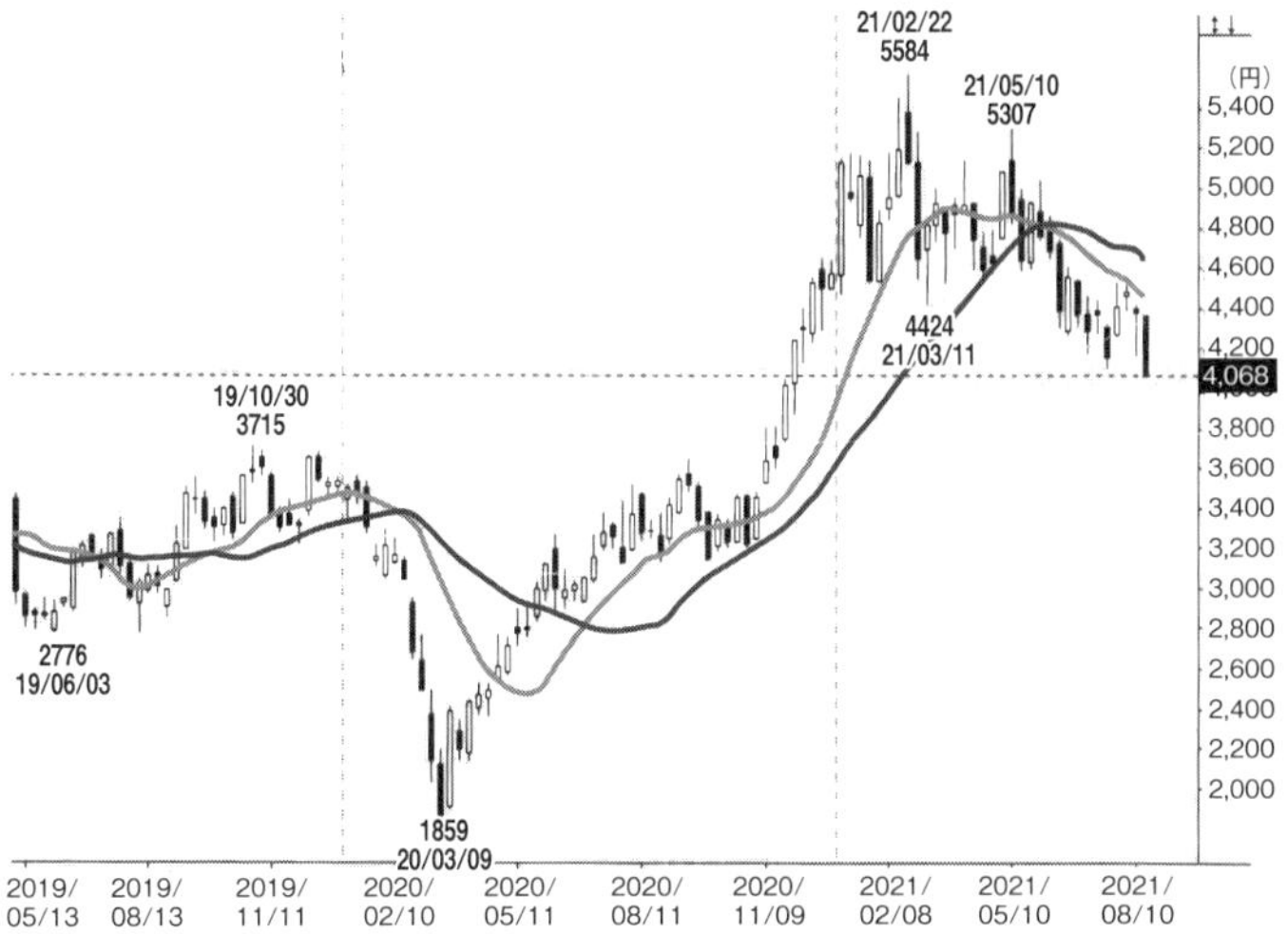

是川氏は住友鉱が開発していた鹿児島の菱刈《ひしかり》鉱山には金が必ず眠っているとの信念のもと、同社株5000万株を買い集めたのです。「金が出るか、否か？」株式市場はこの話題で持ちきりとなりました。「金など産出されるはずがない、たとえ産出されても少量だろう」という見方と、「金が必ず出る」との二つの見方が交錯。大量の売り買いを交えて住友鉱は大人気となりました。結果、菱刈鉱山で世界でも極めて高品質と言われる金が産出されたのです。このニュースが出ると、住友鉱は大暴騰となりました。

そして是川銀蔵氏は200億円の利益を出したと報道され、一躍「時の人」となり、最後の相場師と言われるようになったのです。是川氏は酒も飲まず、質素な生活を好んだと言われています。亡くなった時は2LDKのマンションのみが残っていたそうで、株の利益はほとんど福祉施設に寄付したということです。質素な生活を好むところなど世界一の投資家と言われるウォーレン・バフェットと共通するところがあるのかもしれません。

今では相場の世界もモダンになり洗練されてきました。業績の変化率が重視され、企業の利益がどの程度伸びるのかがもっとも重視されるところです。これは株の見方として当たり前のことですが、かつての住友鉱の相場のような派手な思惑のぶつかり合いや大相場の展開も懐かしく思います。

そして現在の住友鉱の状況を考えると、再び大相場を出してもおかしくない素地があると思うのです。それはこの本でたっぷり書いてきた、これから先の資源価格高騰の可能性です。特に住友鉱が海外に権益を持つニッケル鉱山や銅の権益は、将来希少価値になる可能性があるのではないでしょうか。そう考えると住友鉱の将来は夢も膨らむと思えます。

住友鉱は創業430年の日本最古の会社と言ってもいいでしょう。その発祥は四国の別子《べっし》銅山から始まります。住友財閥は銅鉱山の開発と銅製錬事業で巨大な財を築いたのです。住友鉱は住友財閥の中核で、基礎を作った会社です。まさに住友鉱の歴史は日本の1つの物語であり、株式市場においても1980年代に大相場を出し、さらに今後、どこかの時点で日本の相場史に残るような大相場を出してくれると思っています。株式市場の古い投資家は住友鉱のことを発祥地にちなみ、好んで「別子」と呼んできました。これから「別子」の大相場到来を期待します。

東京オリンピックで大人気のTOTO（5332）

「Oh My God!」オリンピックの選手村では女子選手たちの歓声が上がっているようです。選手たちは自室の温水洗浄便座をチェック、ウォシュレットに歓声を上げているのです。日本では温水便座は当たり前で、どこでも普通のことです。しかしながら思い出すかもしれませんが、最初にこれを使った時は戸惑った経験もあるのではないでしょうか。このウォシュレットについては動画が多数アップされているようで、海外のファンたちも好意的に反応しているようです。「日本の技術を尊敬する」「ウォッシュレットは最高」「日本のホテルも同じだった」「私も日本に旅行した時、これに驚いた。すごいよね」との声が多く上がっているようです。

温水便座に対してはTOTO自体も「世界に拡散できる」という強い確信を持っているように感じます。温水便座はどの国でも行き渡るまでに時間がかかるように思いますが、いったん利用するとファンになって利用した人からの需要が途絶えることがないように思います。このことについては確信を持っていたので、TOTOについて折に触れ紹介してきたのですが、株

TOTO(5332/T)週足2019/04/15〜2021/08/16

価の動きは上がるものの、緩慢な上げを続けていました。

現在TOTOは米国においてウォシュレットの販売が大きく伸びてきています。日本国内での需要はある程度行き届いていると思われますが、米国で伸び、アジア地域でもさらに伸びていくと思います。同社は新中期経営計画において、2023年度に売上高6900億円、営業利益600億円を目指すとしています。そしてウォシュレットの拡散を目指し、海外の工場増強を中心に3年で1650億円投資するということです。増配予定も発表しています。新中期経営計画は達成可能と思いますし、一段と業績拡大に加速がつく可能性もあると思います。衛生機器という地味な業種ですが、必要なものであり、こういう必需品を扱う会社は世界において着実に伸びていくように思います。

株価をあまり上げたくないあすか製薬HD(4886)

8月2日発表になった4-6月期、あすか製薬HDの決算は営業利益11億8800万円でした。もともと同社が発表していた今季2022年3月期の営業利益予想は15億円でした。これでは進捗率《しんちょくりつ》――いわゆる4-6月という3カ月だけで通期1年間の予想に対してどれだけ利益を叩き出したか――という面からみると、なんと88%という驚異的な数字です。通常であれば4-6月期という3カ月であれば1年間、12カ月の4分の1ですから25%の進捗率が普通だからです。それが88%となれば当然、通期の営業利益を上方修正するのが当たり前です。ところがその後、同社からは何の発表もありませんでした。

実はこのあすか製薬HDは、超保守的を通り越して異様なまで業績を低く見せようとする会社なのです。同社は前期2021年3月期の営業利益予想を20億円と公表し続けていました。ところがフタを開けてみると36億円だったのです。あまりに数字が違いすぎます。そして今度は通期の営業利益予想を15億円と公表したのに3カ月だけで12億円近い利益を出しているのです。

あすか製薬ホールディングス(4886/T)
週足2021/04/01～2021/08/16

あすか製薬(4514/T)週足2018/12/10～2021/03/29

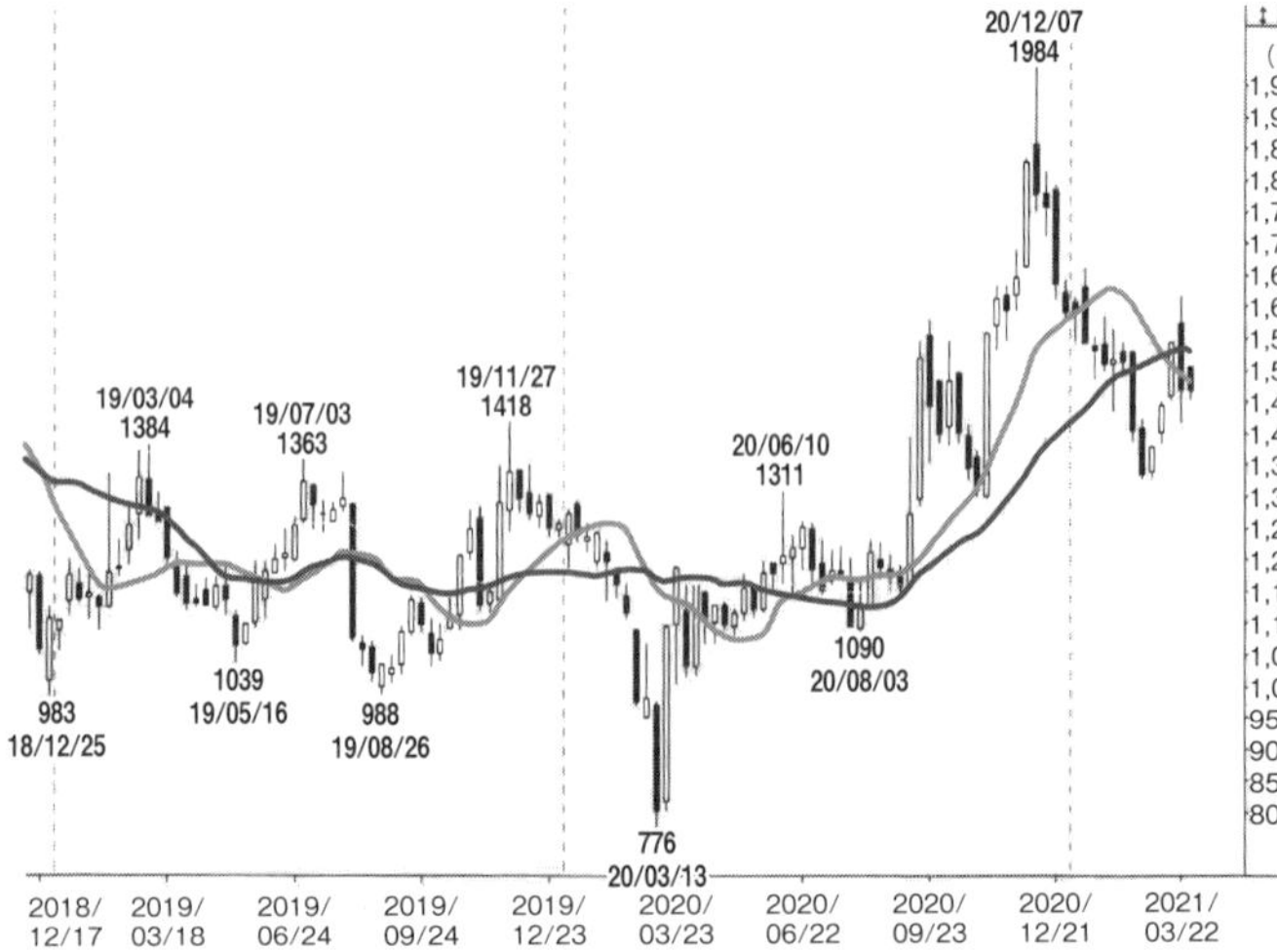

※2021年4月証券コード変更

上場企業として一連のアナウンスの出し方は若干問題があると思いますが、よほど会社側が「目立ちたくない」「株価を上げたくない」理由があるのかもしれません。

通常、悪い会社というのは業績が良くないのに、今後業績が良くなると思わせるような大風呂敷な利益予想を出します。こうして投資家を欺いて自らの株価を高くしようと目論むわけです。このような会社は悪質で、近寄らないほうがいいわけです。ところが逆に会社側が儲かっていることを公表したくない、ないしは目立ちたくないと思っている会社もあるのです。

こういう儲けを隠そうとする会社は、例えば建設会社とか、大手系列の子会社とかいろいろあります。建設会社で儲かっているとなれば、請負金額の引き下げ要請をされてしまうでしょう。大手系列の子会社などは超保守的な業績予想を出しておくことで、業績の下方修正だけは絶対に避けたいという思惑もあるわけです。そして総じてかように株価を上げたくない会社の株価は高くなりづらいものです。

あすか製薬ＨＤも会社の思惑通り株価の低迷を演出できています。さすがに第1四半期で88%という進捗率ですと、今後業績の大幅な上方修正をするしかないと感じます。特に注目は子宮筋腫薬剤レルミナの販売です。これは武田薬品が創薬した薬ですが、世界初の経口剤（飲み薬）となって売上が伸びています。また高血圧症治療剤のカンデサルタンの売上も好調です。あすか製薬ＨＤは自社株買いも発表しています。公表されている会社側の業績予想との乖離《かいり》があまりに大きいので今後注目される時もくると思います。

純利益6400億円を見込む三井物産（8031）

「2022年3月期の純利益は6400億円を見込む」8月3日、三井物産は今期の純利益が前期比91％増の大幅上方修正になると発表しました。この6400億円という利益水準は商社業界で過去最高となります。鉄鉱石や銅価格の上昇が寄与するということです。今回の上方修正は市況価格前提以外の見直しは反映していないとのこと。ということは今後更なる上方修正も期待できるかもしれません。さらに三井物産はこの好決算と合わせて自社株買い最大500億円の実施を発表しました。発行済み株式の1・8％にあたる3000万株を上限に自社株を買い付けるとのことです。

これら商社株については昨年9月の朝倉慶のセミナーで詳細に解説しました。この様子については、今年2月、朝倉慶のユーチューブチャンネルにて無料公開しました。「バブルが潰れる時、商社株に注目！　バフェットの真意はこれだ！」との題で紹介し、視聴者14万人を超える大人気の動画となっています。

ここで商社株が相当な上昇相場となっていく可能性について述べたのですが、現在まさに、

三井物産（8031/T）週足2019/04/22〜2021/08/16

そのような方向で動いていると感じます。やはり世界一の投資家ウォーレン・バフェットがなぜ日本の商社株を大量購入したのかという視点は重要だと思います。環境問題がさらに世界的な関心を集める中、再生エネルギーに即座に転換できるわけではありません。現在の世界はどうしても化石燃料に頼るしかないところがあるわけです。それについては本書でも詳細に解説しているわけです。当然、天然ガスの権益を多数持つ日本の商社はますます注目されるようになっていくでしょう。三井物産だけでなく三菱商事や丸紅も注目だと思います。

医療のＩＴ化をリードするビッグデータ事業のＪＭＤＣ（４４８３）

近年日本のマザーズ市場においても時価総額１０００億円を超えてくる将来的な大飛躍を予感させる銘柄が増えてきています。ＪＭＤＣもその１つです。同社はノーリツ鋼機（７７４４）の子会社です。ＪＭＤＣは健康保険組合６００万人規模の医療データを匿名加工して製薬・保険会社などへ提供するヘルスビッグデータ事業を中心として、医療機関に対して遠隔画像診断サービス、さらに電子薬歴など調剤薬局向け業務支援サービスなどを提供しています。

やっていることがまさに医療のＩＴ化の促進で、ＪＭＤＣは現在の医療における先端的な取り組みをリードする会社です。大きな可能性を感じさせるのはその収益を得るシステムです。

ＩＴ産業が飛躍的に儲かるのは、固定費が一定のため、売上が伸びると利益が飛躍的に伸びる可能性があるからです。データ販売などその最たるもので、固定費は一定であり、データを取得する顧客が伸びれば伸びるほど、利益は加速度的に増えていくわけです。

常に国家財政の問題となるのが止まらない医療費の拡大傾向です。この際限のない医療費の膨張を止めるには、医療のビッグデータを利用して効率的な医療体制を作る必要があります。ＩＴ化はそのキーです。そういう意味ではＪＭＤＣは日本の医療近代化をリードする会社とも

JMDC（4483/T）週足2019/12/16〜2021/08/16

いえるでしょう。ビッグデータの活用は時代の要請でもあり、ＪＭＤＣと製薬会社・保険会社などとの取引額は拡大中です。１社あたりの年間取引額の拡大も顕著で、特に大手の製薬会社・保険会社の利用拡大が目立ってきています。

　同社のようなＩＴ関連の新興企業の将来性や可能性を測るには、売上がどの程度伸び続けるか、その伸びをしっかり見極める必要があるでしょう。ＪＭＤＣの売上は２０１８年から30億円、１００億円、１２１億円、１６７億円と順調に増え続けています。さらに２０２２年は２１０億円、２０２３年は２６５億円との予想も出てきています。この売上の伸びが続く限りＪＭＤＣの将来は明るいと思われます。時価総額はすでに３０００億円（８月10日現在）を超えてきているので、売上に対して10倍超の時価総額となっています。市場はそれだけ高い成長力を評価していますが、どこまで発展していけるか見ものです。

再生エネルギー関連で夢のある企業イーレックス（9517）

「再生可能エネルギーをコアに、電力新時代の先駆者になる」こんなかっこいいビジョンを掲げて再生エネルギーのリーディングカンパニーを目指すのがイーレックスです。このフレーズが本当ならば凄いと思ってしまいますが、実際同社は日本、あるいは世界のエネルギー産業に劇的な革新を起こす可能性を秘めた会社です。そもそも1999年設立の若い会社で電力小売り事業から始まった会社です。同社が大きく発展し始めたのはバイオマス発電に取り組み始めてからでした。2013年、イーレックスは高知県高知市に土佐発電所を設立、バイオマス発電所として営業運転を開始したのです。その後、大分や岩手など全国に5基のバイオマス発電所を運営するに至っています。折からの脱炭素の流れに乗って、売上高は増える一方です。

イーレックスは2018年469億円、2019年658億円、2020年886億円、2021年1418億円と年々40%を超える勢いで売上が増えているのです。これにともなって純利益は2018年30・3億円、2019年27・6億円、2020年45・1億円、2021

イーレックス（9517/T）週足2019/04/08～2021/08/16

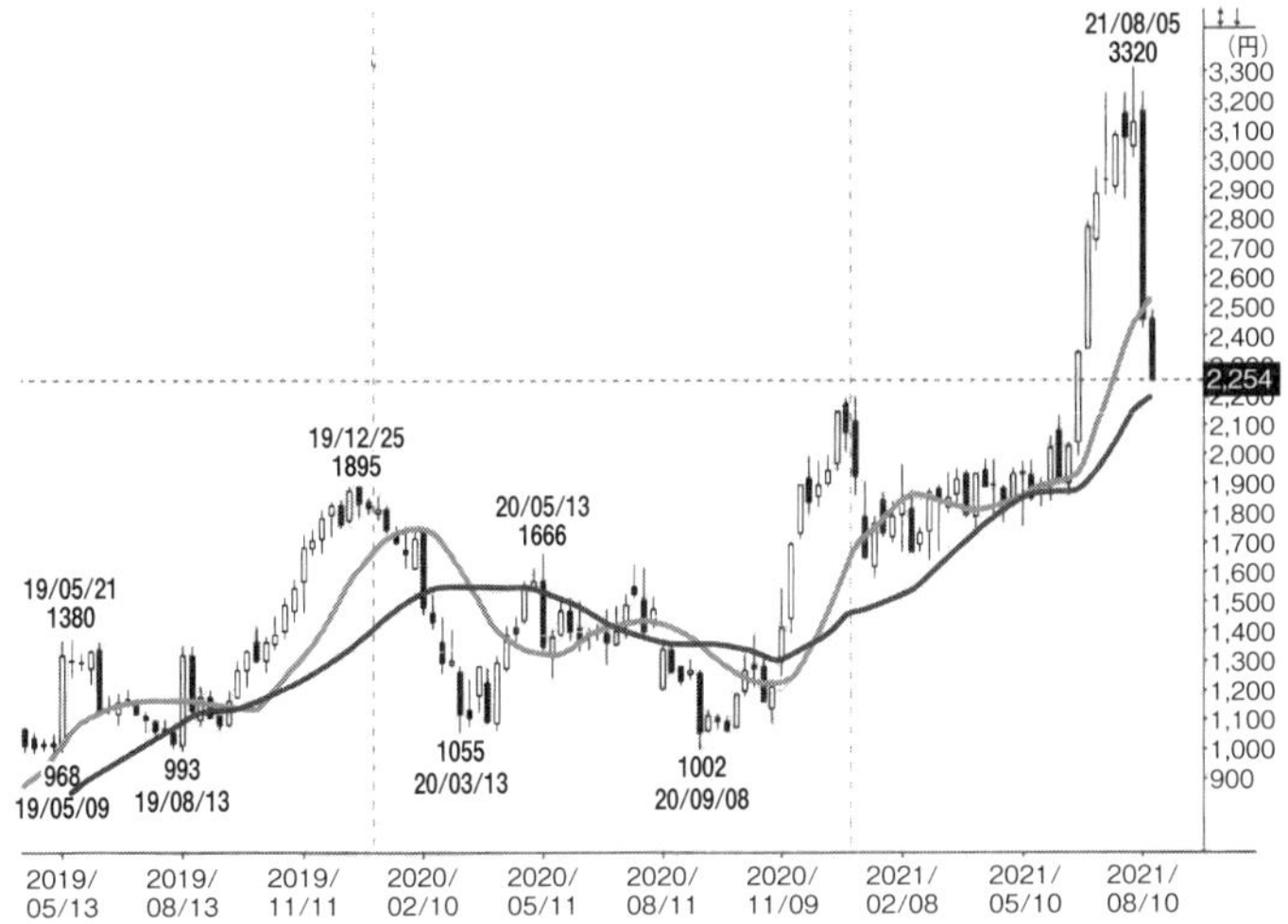

年62・8億円と着実に増加してきています。何と言っても脱炭素という現在の国の最重要政策にマッチしている時代の流れが追い風です。再生エネルギーというと一般的に太陽光とか風力が思い浮かびますが、バイオマス発電も侮れない存在です。太陽光や風力では天候に左右され発電量が安定しませんが、バイオマス発電ではそのようなことはありません。

問題はバイオマス発電の材料となる植物が確保できるかです。実はバイオマス発電成功のポイントは、発電コストの6～7割を占めるといわれる材料の確保なのです。これに関してイーレックスは燃料となる植物の自社栽培に乗り出しています。同社は「ニューソルガム」と呼ばれる植物をベトナムで栽培。この植物は生育が早く、最大で年3回収穫できるということです。

しかも他のバイオマス燃料に比べて2〜3割安く調達できるそうです。同社によれば、この「ニューソルガム」を20年代前半に年間200〜250万トン生産する目標。これができると大型バイオマス発電所10基分の材料になるということです。

そして株式市場がイーレックスのニュースリリースに驚かされたのは、石炭発電所を購入してバイオマス発電所に転換していくという発表でした。同社によれば大手電力会社から石炭発電所を買収して、粉砕機など専用設備を増設し、最初は石炭に30％のバイオマス燃料を混ぜて発電し始めるというのです。こうやって徐々に石炭発電所をバイオマス発電所に転換していく計画です。

これは強烈です。発電所を建設するには普通5年近くかかるわけです。これが買収でできれば時間とコストの節約は強烈なインパクトを与えます。また発電自体のコストを1キロワットで試算すると、石炭にニューソルガムを30％混ぜた場合8・7円、60％混ぜた場合9・9円、ニューソルガムだけ燃焼させた場合11・4円です。一般的なバイオマスの発電コストは20円かかるのでニューソルガムを使うことでコストが格段に安くなります。ちなみに石炭を単独で燃焼させた場合は1キロワットあたり6・8円と安価ですが、時流にはかなっていません。

これによって石炭発電所の買収が次々と実現されると強烈なこととなります。というのも現在世界的な脱炭素の流れの中にあって、石炭発電所は廃止の方向へ動いていきます。石炭発電所自体が座礁資産とみなされ、今後も世界各地で叩き売られることになっていくわけです。ですからイーレックスとしては、欲しい石炭発電所をただのような値段で買える可能性が高いわけです。それらの発電所が再生エネルギーを作り出すバイオマス発電所に綺麗に転換されていくとなれば、その環境面でのメリットも大きく、国なども積極的に支援することとなるでしょう。不要となった石炭発電所が次々と超割安な案件として持ち込まれ、それがバイオマス発電に転換できればイーレックスの利益は飛躍的に拡大していくことでしょう。

8月10日、イーレックスは4-6月期の決算を発表しました。営業利益は11億円と市場予想の18億円を大きく下回ったのです。このため株価が急落しました。イーレックスは電力の小売事業を行っていますが、日本卸電力取引所からの調達コストが予想以上に膨らんだということです。このあたりは電力小売り業者の泣き所です。自前の発電では足りない電力を確保するためのコストが膨らむことがあるのです。

とはいえ現在の段階でさえ年々売上が40%超伸び続けている上に、石炭発電所からバイオ発電への転換が軌道に乗ってくれれば爆発的な発展になっていく可能性もあります。再生エネルギー関連の中でも夢のある銘柄として注目したいところです。

店舗の設計から建築まで自社で完結するヨシックス(3221)

将来的なコロナ収束を予想して、経済活動がコロナ以前の状態に戻るとなれば、様々な業種や銘柄が相当上昇すると考えられます。その場合、三越伊勢丹などデパート株を狙うか、全日空や日本航空など航空株、ないしはJR東海やJR東日本など鉄道株を狙うか、ないしは居酒屋のワタミとか鳥貴族などを狙うか、それぞれの視点で狙い株はあると思います。コロナ自体は経済に打撃を与えて人々が大変な思いをしているわけですが、投資という観点から見ると、比較的にわかりやすいチャンスが広がっていると言えないこともありません。経済がコロナ以前に戻るのであれば、コロナで大打撃を受けた業種や銘柄を集中的に投資すればいいわけです。

ところが現実にはこれがなかなか難しいわけです。一番打撃を受けたのは航空や居酒屋でしょうから、これらの中で一番大きく下がった銘柄を買うという選択肢もあるかもしれません。それがコロナ後の業績の回復で株価が元に戻るかもしれません。では、そのような銘柄群を狙っていこうと決めたとします。そしてデパート株や航空株や鉄道株や居酒屋関連の株を大量に購入したとします。実はそれでも思惑通りに経済がコロナ以前に戻ったとしても、それらの株価が本当に以前の株価に戻るかどうかは何とも言えないのです。

ヨシックスホールディングス（3221/T）
週足2019/04/08〜2021/08/16

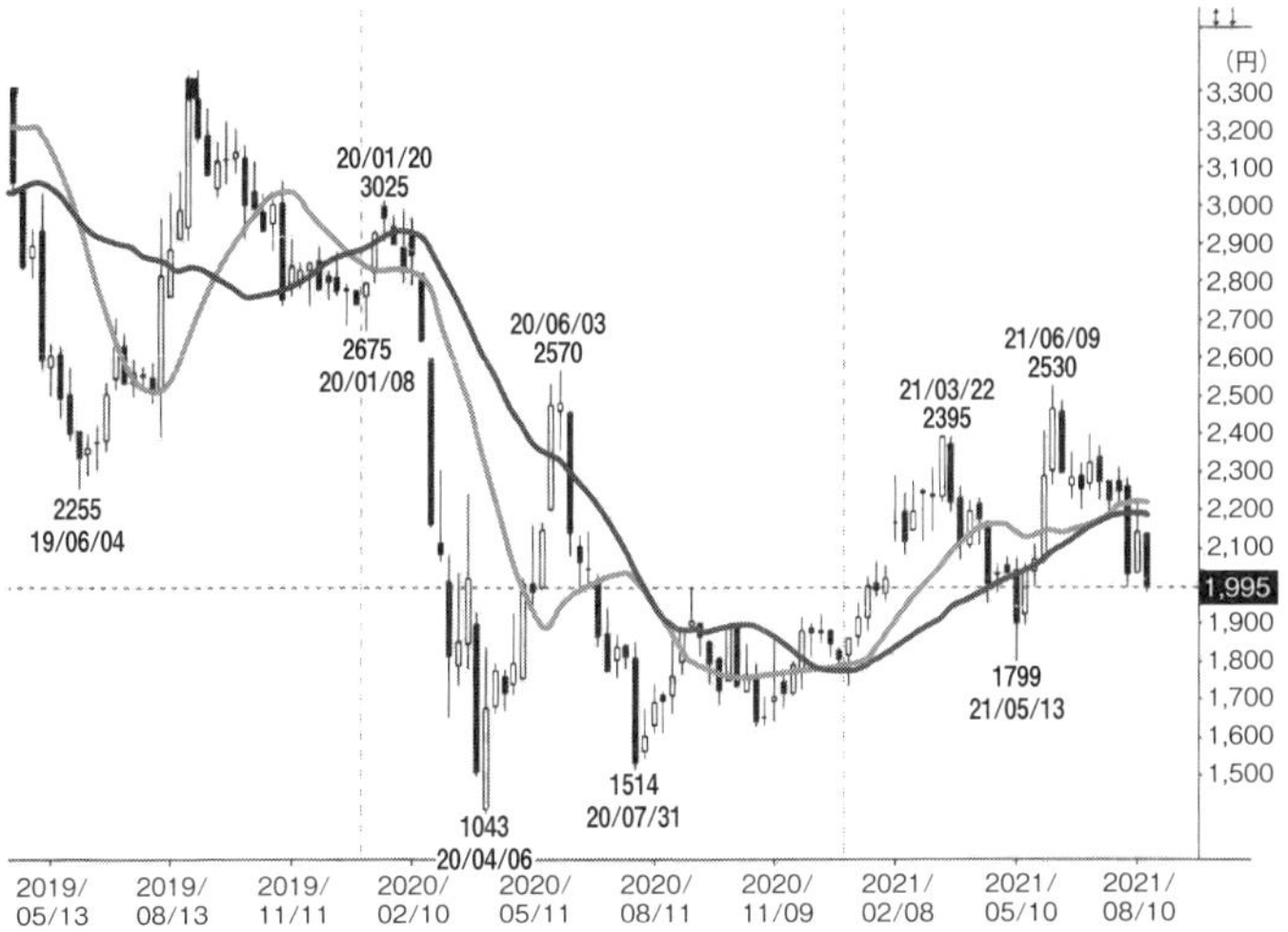

どうしてでしょうか？　居酒屋の収益が元に戻ったのであれば、居酒屋の株価も元に戻るという単純なものではないのです。というのはその会社にコロナ前とコロナ後で変化が生じたからです。変化とは何でしょうか？　自分のこととして考えるとわかりやすいと思います。現在コロナで収入が激減、あるいはゼロ近くなってしまった人もいるでしょう。幸いにして政府が一時金を支給し、銀行が政府の要請に従って借り入れがしやすくなったところも多いと思います。

問題はこれです。厳しい業種はこのコロナ危機によって、借り入れが爆発的に増えているわけです。もらった資金ならいいですが、借り入れとなるとそれを返済しなければなりません。要するにコロナ危機の時の売上減をしのいだ資金の返済が待っているわけです。これが会社によっては膨大な額に上っているケースもあるでしょう。

実は1990年初めから始まったバブル崩壊で、日本の多くの企業が膨大な借金を背負うこととなりました。そのため稼いでも、稼いでも借金の額が膨大でなかなか経営状態が回復しないで、株価が長期にわたって低迷したという事実があるわけです。

バブル崩壊は日本経済を苦しめました。銀行や生損保、不動産会社や建設会社、あるいは財テクに走った会社など、日本企業の多くが借金返済に追われ続けたのがバブル後であって、この後始末によって日本経済は長期低迷となったのです。建設会社も不動産会社も、いくら業績が回復しても株価が思うように上がらない時代が長く続きました。たとえ過去最高益を出しても株価が思うように上がらなかったのです。まさに積み上がった借金の呪縛《じゅばく》でした。今後コロナ後の回復過程において、かような借金返済に苦しむ企業が多く出てくるでしょう。

これら業績が劇的に回復、あるいは、とてつもない利益を出しながら株価が上がらなかったケースは、朝倉慶のセミナーユーチューブ、2020年5月16日開催「投資のやり方はこれだ！バフェットはなぜ航空株を売ったのか？　未曾有の金融財政政策を見よ！」で詳しく解説しました。興味のある方はご覧ください。最高益を叩き出しながら株価が上がらないケースが多々あったことを詳しく解説するとともに、銘柄選別のポイントを話しています。

簡単に言うと、今回のような売上が激減する中で、会社の借金が増えたということは、その会社の価値が下がったということです。借金が増えては積極的な投資もできません。借金返済に手を縛られるわけです。ですから今回のコロナ後の収益回復過程を考えると、これらコロナで大打撃を受けた業種や銘柄群のなかから、投資すべき会社は、財務体質がしっかりした銘柄がいいと思います。例えばディズニーランド閉園があってもオリエンタルランドがあまり下がらないのは、財務体質が万全だからです。オリエンタルランドは普通にディズニーランドがオープンできるようになれば、あっという間に元の収益を叩き出せるわけです。

その意味では今回、居酒屋のなかでも財務体質がしっかりしているという観点からヨシックスを取り上げます。ヨシックスは2014年上場以前から実質無借金経営で財務体質が良好なことで知られています。

ヨシックスは名古屋地盤の居酒屋チェーンで、すし居酒屋「や台ずし」や全品280円の単価の安い居酒屋「ニパチ」、焼き鳥鉄板居酒屋「焼とりてっぱん」等の直営店を中心に多業種で外食を展開しています。

居酒屋外食チェーンは1人当たりの支払い単価が平均2500円以内でないと、リピーターが増えづらいと言われています。そのなかで同社は1人当たり約2000円から3000円のリーズナブルな価格設定で外食サービスを提供しています。30〜40坪程度の中小型店舗の出店を低コストで設計から建築まで自社で完結するユニークなシステムで実現させているのです。

２０１０年以来、順調に店舗数を増やしてきたのですが、２０２１年３月期はコロナの影響で初の店舗減少となりました。それが２０２２年３月期は再び店舗純増となる予想となっています。こうなるとコロナが収束すればいち早く高成長路線に復帰できるでしょう。ヨシックスはコロナ後の居酒屋の勝ち組になるように思えます。特に北関東エリアをはじめとする東日本ではまだ知名度も低く、出店の空白エリアが多いので、今後の成長余地はかなり大きいと感じます。

赤字決算後の株価急落時を狙えるテクノホライゾン（６６２９）

株式はどの株であってもその会社の業績予想の出し方や、その会社の株価の動き自体は会社によって特有の癖があるものです。例えば日本企業全体でみると、一般的には業績予想を極めて保守的に出してくる傾向があります。これが会社によっては、逆に常に業績予想を強めに出してくる会社もあるわけです。これら会社のＩＲのやり方やその会社特有の動きの癖を知ると、投資に役立つことがあります。

テクノホライゾンは第１四半期である４-６月期はほとんど赤字決算となることが多く、そ

テクノホライゾン(6629/T)週足2019/04/08〜2021/08/16

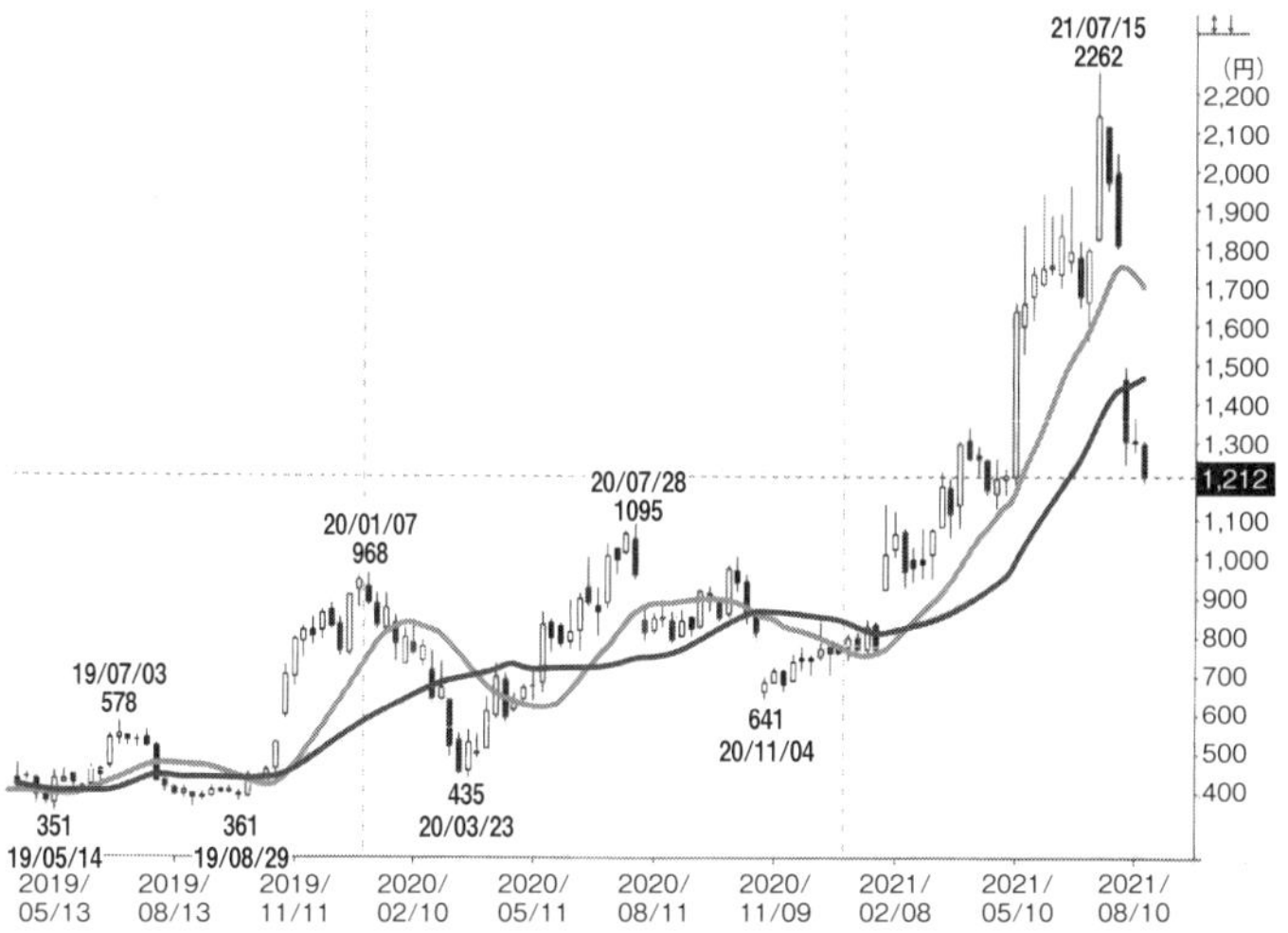

の後収益を拡大させていく傾向があります。どんな会社でも宣伝費を投入するタイミングとか、経費を使う時期とか、売上が立つタイミングとか、独自の傾向がみられます。3カ月ごとの決算発表ともなれば、その会社特有の決算の出方があります。それがその会社の株価の動きを作り出すわけです。

そしてテクノホライゾンの場合は、ほとんど第1四半期赤字のあとの第2、第3、第4四半期と収益の拡大傾向が起こるわけです。となるとテクノホライゾンを投資するやり方として、決算で第1四半期において赤字決算を出した時点で購入しておいて、のちの業績回復を期待しながら株価の上昇を待つという投資スタイルが報われるわけです。

これがテクノホライゾンの場合、ほとんど第

1四半期の決算で赤字を出すために強烈に売られ、その下げ幅も極めて大きく、当然ながらその後の反動も相当大きいわけです。このように毎回の決算で同じような動きになる同社特有の動きは、投資家にとってはやりやすい投資のように思えます。同社の株価チャートをみるとわかりますが、とにかく赤字決算後の株価急落時を狙ってじっくり投資することがいい結果につながるようです。

実際テクノホライゾンは会社として発展し続け、業績を伸ばし続けています。売上の推移をみると2019年196億円、2020年223億円、2021年268億円、純利益は2019年6億円、2020年13億円、2021年21億円という具合です。このような増収増益を続けている会社の場合、基本的には売上の伸びを確認しておけば、再度利益は最高益を更新してくるものです。

テクノホライゾンが取り扱うのは、いわゆる書画カメラ、これは文字や立体物などを黒板などに投影する教育シーンやセミナーなどでよく使われるカメラです。また電子黒板、セキュリティカメラ、車載用カメラなどを取り扱っています。これら映像&IT事業は順調に伸び続けています。さらに同社は自動化・省力化ニーズに合わせたFA関連機器を扱うロボティクス事業も活発化させています。

何と言ってもオンラインミーティングやオンライン商談は、コロナの関係もあって増える一方です。一度オンラインで様々な教育やビジネスを行うと、あまりに便利なので元に戻りません。そういう意味ではテクノホライゾンの事業は時代に乗った事業といえるでしょう。だから伸び続けているわけです。

テクノホライゾンがなぜ第1四半期赤字傾向なのかというと、主に電子黒板などを導入するタイミングは、学校の授業が長期にわたって休みになる夏休みの間で導入されることが多いからです。そういう意味では同社の第1四半期の赤字はいつものことであって、その赤字をみて、株を売り叩くやり方が理に合っていないと感じます。逆からみると、かように当然の赤字決算なのに不合理にも売られるところは投資のチャンスと捉えられると思います。テクノホライゾンの株価の癖は常に同じで素直なので、投資対象として狙いやすいと感じます。

テクノホライゾンは年初来高値7月15日の2262円から第1四半期の赤字決算で一気に1000円近い暴落（45%暴落）となり、8月5日には1241円となりました。あまりにこの株の癖を理解していないで「売られ過ぎ」と感じました。暴落してPER8倍割れというところまで売られたのですが、再び高値奪還する可能性のある銘柄と思っています。

ちなみに昨年2020年は7月28日の高値1095円から8月30日の赤字決算を経てストップ安となり、8月4日に788円と短期で28%近い暴落となっていました。また2019年は7月25日の555円から同じく赤字決算を挟んでストップ安となり、8月2日には399円まで短期で暴落しました。この時の下げ率も28％です。これら決算で売られた時に買うことでテクノホライゾンへの投資効果は大きくなる傾向があるのです。

小型ショベルで海外売上比97％を占める竹内製作所（6432）

「ミニショベルのベンツ」と聞いて、竹内製作所のことが浮かぶ人はかなり株式市場に明るい人でしょう。一般的に油圧ショベルというと大型の建機を想像すると思います。コマツとかクボタとかキャタピラーとか建築現場で使われる大型の機械です。ところが竹内製作所の扱うショベルは小型のものです。これは一般的に住宅現場とか狭い道路などで活躍するものです。欧州では古い町も多く道路幅も狭いところだらけなので、竹内製作所の小型ショベルの活躍する場所が多いわけです。

竹内製作所はもともとクボタのＯＥＭ、簡単に言うとクボタの名前で海外において同社が製造したショベルを販売していたのですが、製品の評判も良く、需要も大きかったので独立して自らの社名を冠した製品を販売するようになりました。

竹内製作所のショベルの生産はほとんど長野県埴科《はにしな》郡の坂城で行われています。そしてそれが海外へ輸出されるのです。海外売上比率は何と97％です。いわば竹内製作所は海外だけで稼

竹内製作所(6432/T)週足2019/04/08～2021/08/16

いでいるわけです。それだけ同社のミニショベルは海外市場で圧倒的な人気を博しているわけです。日本国内ですとコマツやクボタのほうがネームバリューもあり、ショベルの販売において、どうしても過当競争となりがちです。ところが竹内製作所は海外では圧倒的な人気もあるので、製品が高く売れるわけです。ここに焦点を絞って販売していく方針は企業の戦略として理にあっているように感じます。

　現在、欧米ではコロナの関係で、テレワークが盛んになり、その影響で住宅ブームとなっています。住宅を作ると、付随して住宅回りの水道やガス管工事の需要が盛り上がるわけです。現在のところ2022年2月期の会社側の通期の営業利益予想は121億円と減益予想となっています。しかしながら足元の受注は好調なようで、上方修正の可能性が高いと思います。

当社のアナリスト江口は、上期の営業利益90億円、下期は70億円と通期で160億円の利益が出る可能性があると予想しています。仮にそのようになると、1株利益は245円となります。株価は8月11日現在2700円台なので安いと感じます。

糖尿病薬の期待大きいそーせいグループ(4565)

そーせいグループと言うと思い出のある方も多いでしょう。同グループは一時マザーズ市場全般をけん引するスター株でした。そのダイナミックな動きは投資家を魅了しました。大相場を出したのは2015年5月から2016年5月にかけての動きでした。720円から上がり始めたそーせいグループは一貫して上がり続け6545円まで上昇、わずか1年間で10倍近い値上がりとなったのです。この相場では多くの個人投資家が参戦、膨大な利益を得た投資家も多々いたと思います。

バイオの相場の一番面白いところは、そのダイナミックさです。バイオ関連は素人には実態がわかりづらいものです。しかしながらバイオ関連は一度当たると大相場になる可能性もあるので、夢が大きいわけです。特にそーせいグループのようなマザーズ銘柄において画期的な新

そーせいグループ(4565/T)週足2019/04/08〜2021/08/16

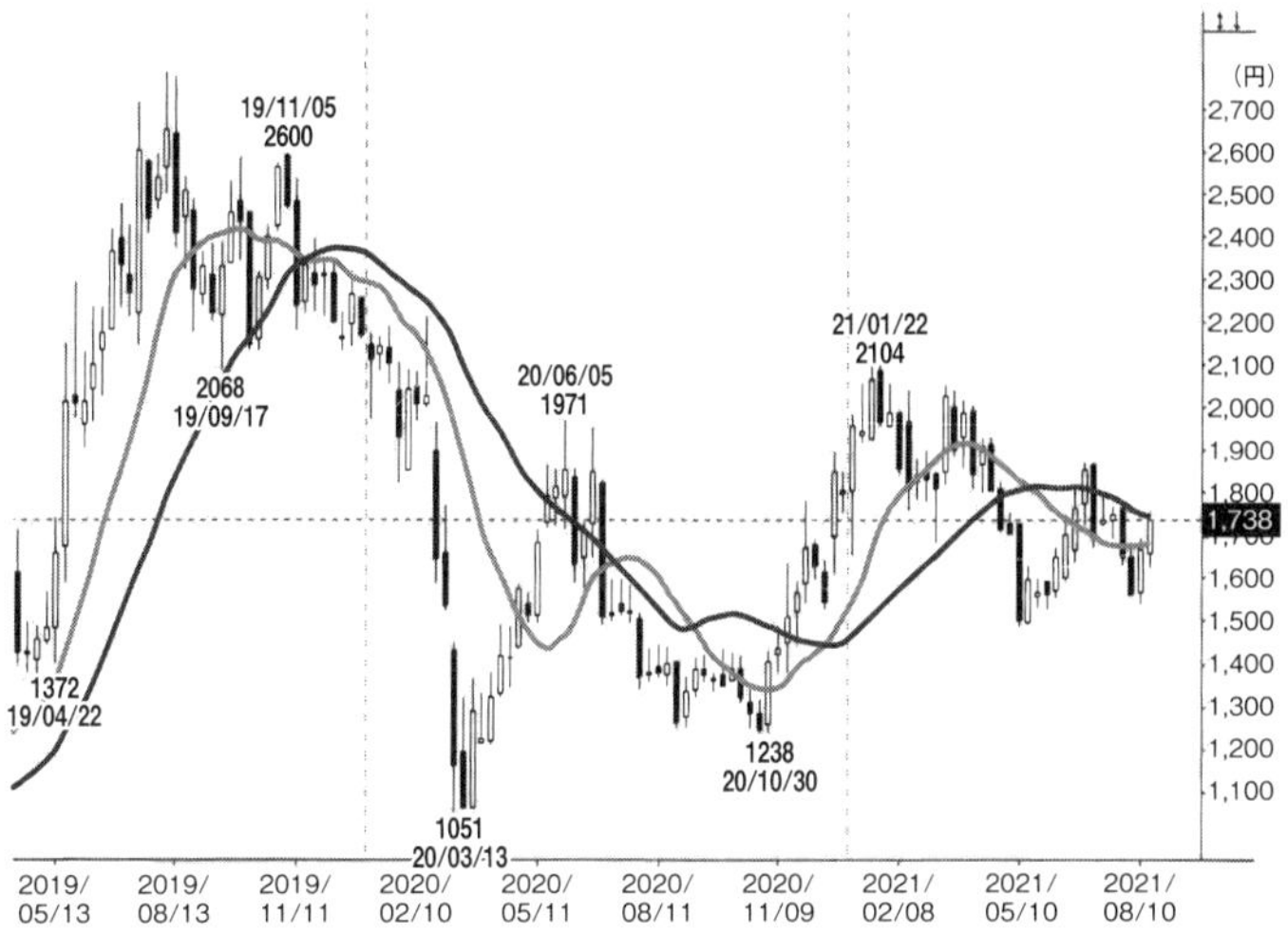

薬が開発できれば、大化けする可能性もあり、これは個人投資家にとってたまらない魅力です。もっともバイオ株は赤字に転落することも多く、逆にいくと大損する可能性もあるわけです。いわばマザーズ市場のバイオ株は特にハイリスク、ハイリターンなわけで、これが投資家にとっては危ないと感じながらものめり込む魅力でもあります。

　そのそーせいグループですが8月10日現在は２０１６年の高値からみて５分の１近い１５００円台で推移しています。売上は順調に伸びてきていますが、利益が爆発的に出ているわけではありません。そーせいグループは元ジェネンテック社長であった田村眞一氏が創業しました。創薬ベンチャーですが、ぜんそく薬の売上のロイヤリティーで黒字化しています。ただこのぜんそく薬は今後売上が大きく伸びていくものでもありません。そーせいグループにとってこのぜんそく薬は安定した収入源ですが、今以上の大型商品となるのは難しいとみられています。

しかしながらそーせいグループには新しい可能性を秘めた大型新薬があります。それがGLP-1という糖尿病の薬です。普通、糖尿病が悪化するとインシュリン注射を打つ必要があります。インシュリンは血液の糖をエネルギーに変える力を持っているからです。ところが今回そーせいグループが開発しているのは経口剤、すなわち注射するのでなく飲み薬なのです。これならば患者への負担が軽く、薬として大ヒットする可能性もあるのではないでしょうか。

実はこの薬GLP-1は最近まで注目度が低かったのです。なぜかというと日本でもコロナワクチンで有名な世界の薬品界の雄であるファイザーが同じ薬を開発中であって、とてもそーせいグループの薬ではファイザーにかなわないとみられていたからです。ところが7月に報道されたところによると、このファイザーの糖尿病薬は副作用が強く、治験の結果80%が吐き気、50%が下痢の症状が出たというのです。このニュースを受け、俄然《がぜん》そーせいグループの開発したGLP-1が注目されるようになってきたわけです。

もし仮に糖尿病の経口剤としてGLP-1が薬として世に出れば、売上規模はその市場の大きさから年間5000億円から1兆円規模に達する可能性があります。そーせいグループの取り分は治験の第一段階でも5〜7％となります。それでも年間250億円から700億円という巨額なものです。同グループの2020年12月期の純利益は14億円です。これを考えると今回の糖尿病の経口剤は大きな夢があると感じます。バイオ株は赤字体質が多く、同グループも赤字決算を出してくるケースも多いでしょう。

しかしながらそーせいグループは様々な新薬の研究を行っています。例えばコロナウイルスに対するプロテアーゼ阻害薬、これはコロナウイルスが栄養を取れないようにして増殖を抑えるものです。さらにアトピー皮膚炎の薬、統合失調症の薬などバラエティーに富んでいます。このようにそーせいグループには夢を感じます。同グループへの投資を考える場合、目先の決算よりも大きな可能性を秘めた新薬が多々あることを頭に入れておくといいと思います。

空売りが膨大なファーマフーズ(2929)

今年もっとも話題になった株というと、米国市場ではゲームストップ株でしょう。SNSでの様々な書き込みから個人投資家の爆発的な買いを呼び込み、株価が暴騰に次ぐ暴騰となり、1月28日には483ドルにまで上げたのです。1月4日はわずか17ドルですから、20日余りで28倍化したわけです。さらにゲームストップ株の昨年の安値をみると4月3日の2・5ドル

ファーマフーズ(2929/T)週足2019/04/08〜2021/08/16

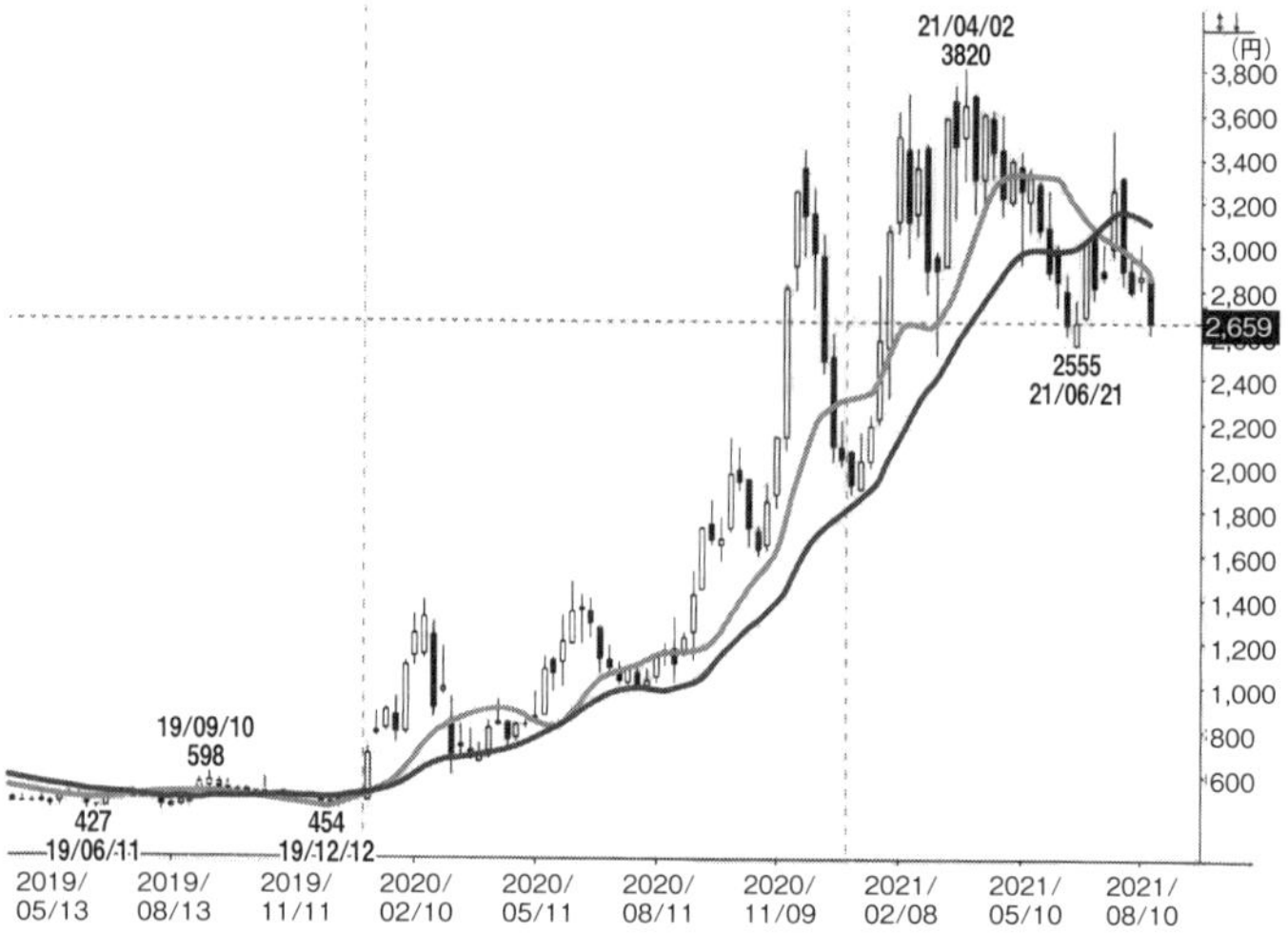

です。となると同社株はわずか9カ月半で193倍に化けたということです。なぜこんなことが起こったのでしょうか?

それは個人投資家が結託してゲームストップ株を買い上がったことが大きな理由ですが、そうなるには、それなりの前提があったわけです。というのは上がってもさらに買いが途切れないという背景があったからなのです。買いが途切れなかった背景には、溜まりに溜まった空売り残高がありました。空売りとは株を持たないので売る行為であって、決済するには買い戻すしかありません。その株価がどんなに暴騰しようが、空売りした投資家は決済のために株を買い戻す必要があるのです。空売り投資家は売った株が上がれば上がるほど損失が膨らむので株価が暴騰でもすれば、たまらず買い戻す羽目に陥るのです。仮にゲームストップ株を２・５ドルで売って４８３ドルで買い戻せば、投下金額の１９３倍の損金を支払う羽目になります。

相場の世界でよく言われることは、「空売りは危険」であるということです。それは「損失が無限大だから」です。例えばある株を買って仮に不幸にもその会社が倒産したとしても損失は株を購入した投資額のみに限定されます。ところが空売りした場合、株価はどこまで上がるかわかりません。となると2倍、3倍、果ては10倍ともなれば空売りした場合はどこかで買い戻す必要があるので、損失も2倍、3倍、10倍と膨らむわけです。ゲームストップ株が異様な暴騰状態になったのも同社の業績が悪く、株価が高すぎるとヘッジファンドなどのプロの投資家が判断したからです。ところがかようなファンダメンタルズで判断する真っ当な見方をする投資家が山のようにいて、ゲームストップ株を大量に空売りしたわけです。そしてその空売り残高はゲームストップ株の総発行株を超えるまでに拡大してしまったのです。こうなるといざ同社株を買い戻そうとしても、それだけの大量の株が市場になく、際限なく暴騰してしまうこととなります。それが今回のゲームストップ株の大暴騰を演出したわけです。

元をただせば、ヘッジファンドなどがゲームストップ株をやみくもに売り過ぎたことが大相場を引き起こす引き金となったわけです。

かような異常な相場が日本市場で起こるとは思えません。さらに日本の個人投資家の層は米国ほど膨大で厚くなく、依然脆弱です。米国のようにSNSを通じて空売りが大量に入った株式が想像外の水準まで暴騰するケースは起こり得ないと思います。

ただ日本の株式市場においても、ヘッジファンドが売り過ぎている銘柄はチェックしておいてもいいでしょう。その代表株はファーマフーズです。8月12日段階で信用取引における同社の空売り残高は355万株、一方で信用取引の買い残高は407万株と拮抗《きっこう》しています。実はファーマフーズの場合、これ以外にヘッジファンドの膨大な空売り残高が存在しているのです。これはヘッジファンドなどの機関投資家が貸株市場で株を調達して空売りするものですが、その額があまりに大きすぎるのです。この額については日々、ネット上の「空売りネット」で日々公表されています。検索するとすぐに出てきます。

ここに銘柄のコード番号を入力すると、空売り残高と売っている証券会社の詳細が表示されます。ファーマフーズの代表的な空売りをみると、8月6日時点でモルガンMUFJが241・6万株、匿名の個人投資家が68・7万株、ゴールドマン・サックスが49・1万株、ノムラインターナショナルが40・9万株、インテグレイティッド・コア・ストラテジーズが29・2万株、UBSが31万株、メリルリンチが17・9万株となっています。これらを合計すると478万株に達します。信用取引の空売り残高と合計すると、空売り残高は828万株に達します。ファーマフーズの総発行株数は2905万株、浮動株は28％なので市場に流通する株は

813万株です。こうみていくとヘッジファンドはじめ売り方は、同社株を売り過ぎていると感じます。

これだけファーマフーズが売られたのは、昨年から短期間で急騰したからです。昨年1月安値は467円でした。ところが今年の高値は4月につけた3820円です。ファーマフーズは1年3カ月で約8倍に化けたわけです。こうなればいかに業績が改善していようが、短期間で上がりすぎたのだから当然株価は大きく調整するはずというヘッジファンドや機関投資家の読みがあるのでしょう。だから下がることを確信して膨大な空売りを行っているわけです。

しかしながらファーマフーズは会社が劇的に変わってきていて、今後さらに途轍《とてつ》もない優良会社の変身していく可能性が十分あると思うのです。というのも同社の売上ですが、10年前2011年当時は10億円に過ぎなかったのです。ところが2018年7月期の売上は79億円、2019年は105億円、2020年は153億円、2021年は461億円と驚異的な伸びをみせています。特に育毛剤である「ニューモ」は大ヒットしました。一般的に考えて10年で売上が10億円から460億円まで拡大する会社は普通ではありません。ファーマフーズは卵黄由来のサプリや機能性食品を販売していますが、本当に効き目がなければかような売上の劇的な伸びはあり得ないと思います。この商品が消費者に歓迎されているからこそ売上の劇的な伸びが生じたのではないでしょうか。7月19日ファーマフーズは業績の上方修正を発表しました。

2021年7月期の経常利益を従来の21億円から51億円に引き上げたのです。

これだけみてもかなりの上方修正で少し考えるとわかりますが、このような会社は宣伝費を削れば、さらに爆発的な利益が計上できるはずです。ファーマフーズは現在、膨大な宣伝費を使って利益を圧縮させていますが、それでも史上最高の利益を出し続けています。460億円も売上があってその気になれば100億円超の利益を計上するのも簡単ではないでしょうか。となると1000億円に満たない時価総額はあまりに安すぎると感じます。ヘッジファンドはあまりにファーマフーズの実力を軽く見すぎて、売りが行きすぎているように思えるのです。

今後の展開では特に中国市場への進出が確定しているので、これが面白いと思います。ファーマフーズは「日本で一番売れている育毛剤」として「ニューモ」を宣伝しています。このキャッチフレーズを使って売り出すと、中国でも大いに注目される可能性が高いと感じます。ファーマフーズには会社としても株価の面でも大きな将来性を感じます。

地味な人材派遣業なのに大躍進中のキャリアリンク(6070)

経常利益3倍増！　2021年2月期におけるキャリアリンクの決算には度肝を抜かれました。何しろ経常利益が3倍に増えたというのです。これがマザーズの上場直後の会社であったり、製造業などで画期的な製品開発したとか、素材などの著しい需要が生じたというケースなら納得するのですが、地味な東証一部上場の人材派遣サービス会社の決算だから驚きなのです。キャリアリンクは1996年創業で、主にBPO関連事業を得意としています。BPOとは「ビジネス・プロセス・アウトソーシング」の略です。これは自社の行ってきた仕事の一部の業務を外部に委託することを言います。自分の会社のケースとして考えるとわかりやすいですが、自社が得意でない、あるいは他社に委託したい業務は様々あると思います。特に最近のBPOですと、総務や人事、経理に関係する給与計算、データの入出力の処理、コールセンターやインターネット技術に対してのITアウトソーシングなどが盛んです。

このBPOは現在、急速に注目を集めてきました。便利でコスト削減にもつながるからです。このような仕事を長期に続け、その技術やノウハウを蓄積してきたのがキャリアリンクです。同社が前期の決算でいきなり大飛躍したのは偶然でなく環境が整ってきた、キャリアリンクという企業自体が時代の波に乗り始めたといえると思います。

というのもキャリアリンクの手がける案件はBPOの中でも大型であり、かつ官公庁に強いという圧倒的な優位点を持っているからです。とにかく日本はITが弱い。昨年、政府が国民1人あたり10万円給付したわけですが、素早く進まず、官公庁のデジタル化の遅れが明らかにされました。菅政権もとにかくデジタル化を進める必要があるとの考えでデジタル庁設置の流

キャリアリンク(6070/T)週足2019/04/08〜2021/08/16

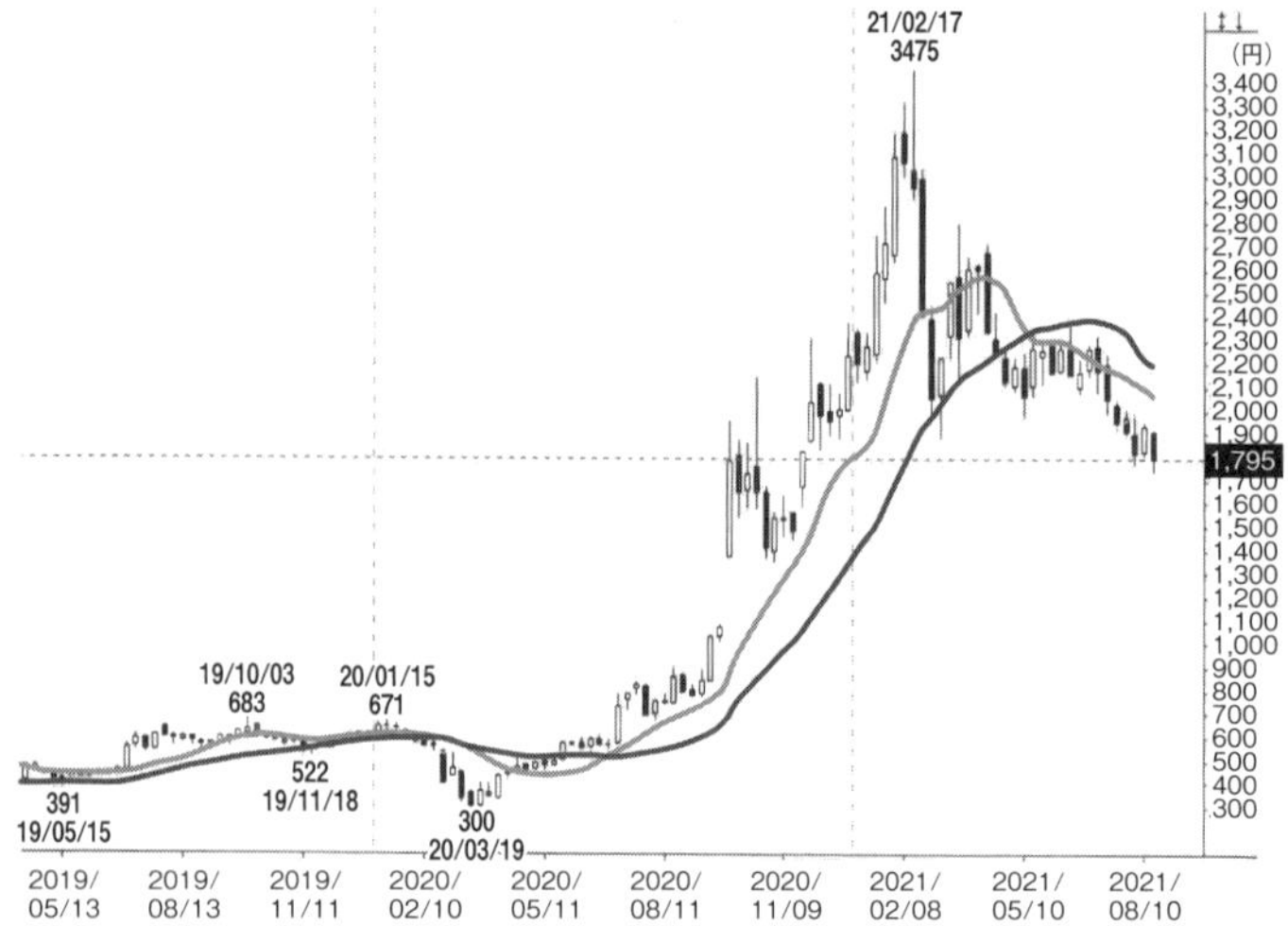

れとなったわけです。

当然、官公庁はマイナンバー関連の業務や給付金に関わる一般事務、問い合わせに対応する電話業務や窓口業務、大型事務センターの設置、窓口システムの導入など喫緊にやらなければならない仕事が山のようにあるはずです。ところがノウハウがない。それでこのキャリアリンクに受注がきたというわけです。

官公庁は保守的なので、一度実績を作った企業は余計に強い。しかも仕事は緊急を要するものばかりです。キャリアリンクの得意とするところは1000人を超える大型プロジェクトでも1カ月程度の短期間で立ち上げることができる、今まで作り上げてきたノウハウなのです。まさに時流に乗った会社と感じます。

株価は今年2月に3475円をつけた後、急落して半値近くまで売られ調整を続けています。この株もゴールドマンサックスの42万株の空売りをはじめヘッジファンドの空売りを大量に巻き込んでいるので、一度買い戻しが盛んになると相場は一気に変わってくるでしょう。

キャリアリンクは新規上場のマザーズ銘柄並みの急速な発展段階に入ってきたと感じます。PER10・8倍（8月16日現在）は、この会社の成長力を考えるとあまりに安いと思います。同社がマザーズ上場ならば相当の株価に化けていたのではないでしょうか。キャリアリンクはすでに新しくできるプライム市場への上場基準へ適合していることを発表しています。売上は早晩400億円を軽く超えてくるでしょう。現在の時価総額230億円という安さです。見直される時が近いと思います。

著者略歴

朝倉慶（あさくら・けい）

経済アナリスト。(株)アセットマネジメントあさくら代表取締役社長。1954年、埼玉県生まれ。77年、明治大学政治経済学部卒業後、証券会社に勤務するも３年で独立。顧客向けに発行するレポートで行った経済予測がことごとく的中する。故・船井幸雄氏が著書のなかで「経済予測の超プロ・K氏」として紹介し、一躍注目される。『アメリカが韓国経済をぶっ壊す！』『2013年、株式投資に答えがある』『すでに世界は恐慌に突入した』（以上、ビジネス社）、『株の暴騰が始まった！』『世界経済のトレンドが変わった！』(以上、幻冬舎)、『暴走する日銀相場』『株、株、株！　もう買うしかない』（以上、徳間書店）など著書多数。

株高・資源高に向かう世界経済入門

2021年10月１日　第１刷発行
2021年11月１日　第２刷発行

著　者　　朝倉 慶
発行者　　唐津 隆
発行所　　株式会社ビジネス社
〒162-0805　東京都新宿区矢来町114番地 神楽坂高橋ビル5階
電話　03(5227)1602　FAX　03(5227)1603
http://www.business-sha.co.jp

印刷・製本　大日本印刷株式会社
〈カバーデザイン〉大谷昌稔
〈本文組版〉茂呂田剛(エムアンドケイ)
〈編集担当〉本田朋子
〈営業担当〉山口健志

ISBN978-4-8284-2292-3